沈文倬　批注

沈文倬批注儀禮鄭注句讀

下

浙江大學出版社・杭州

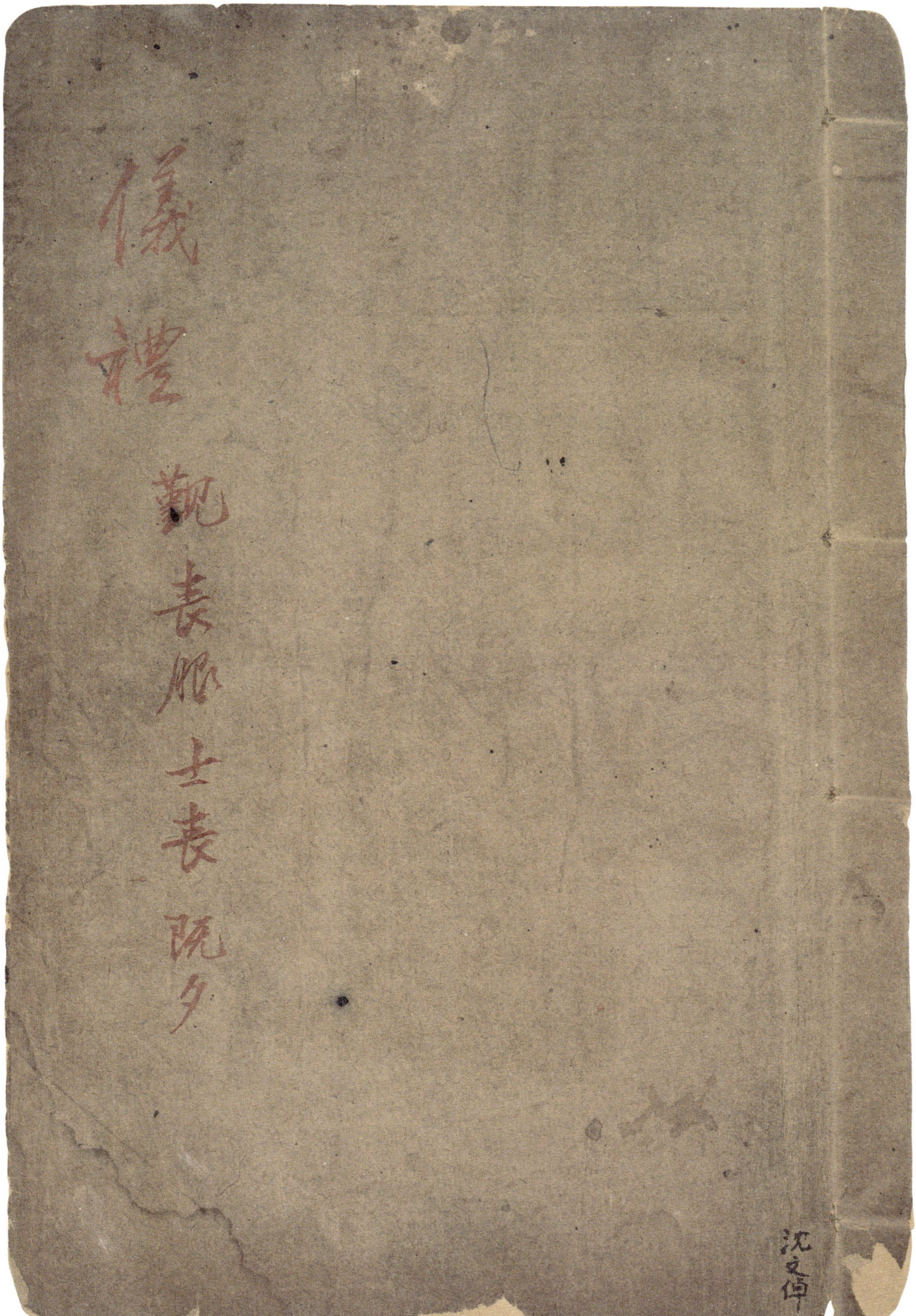
儀禮

覲 喪服 士喪 既夕

沈文倬

援周禮言也
大宗伯大行人小行人典瑞齋僕五職均有朝覲宗遇文
以周禮說覲禮　賈景伯馬季長鄭康成三家皆也

正義案聘禮郊勞以前有許多禮儀此直從郊勞始者蓋世佚謂文不具其詳已見於朝禮

儀禮　　鄭氏註　　濟陽張爾岐句讀

覲禮第十

鄭目錄云覲見也諸侯秋見天子之禮春見曰朝夏見曰宗秋見曰覲冬見曰遇朝宗禮備覲遇禮省是以享獻不見焉三時禮亡唯此存爾覲禮於五禮屬賓大戴第十六小戴十七別錄第十。○疏曰按曲禮下云天子當宸而立諸侯北面而見天子曰覲天子當宁而立諸公東面諸侯西面曰朝鄭註諸侯表見曰朝受摯於朝受享於廟生氣文也秋見曰覲一受之於廟殺氣質也朝者位於內朝而序進覲者位於廟門外而序入王南面立於宸宁而受焉夏宗依春冬遇依秋春秋時齊侯唁魯昭公以遇禮相見取易略也是朝宗禮備覲遇禮省可知

覲禮。至于郊。王使人皮弁用璧勞。侯氏亦皮弁迎于帷門之外。再拜。郊謂近郊去王城五十里小行人職曰凡諸侯入王則逆勞于畿則郊勞者大行人也皮弁者天子之朝朝服也璧無束帛者天子之玉尊也不言諸侯言侯氏者明國殊舍異禮不凡之也郊舍狹寡為帷宮以受勞掌舍職曰為帷宮設旌門

儀禮鄭註句讀　覲禮第十　一

正義竊謂近郊之勞五等諸侯皆有之大行人曰上公三勞侯伯再勞子男一勞或侯伯加以遠郊勞上公加以畿勞爵尊者其勞益遠爵卑者其勞近禮宜然也

○此下言侯氏入覲初至之事。至郊則郊勞。至國則賜舍。凡二節。疏云。引小行人職者。小行人旣勞于畿。明近郊使大行人也。案大行人。上公三勞。侯伯再勞。子男一勞。小行人云。凡諸侯入王則逆勞于畿。不辨尊卑。則五等同有畿勞。其子男唯有此一勞而已。侯伯又加遠郊勞。上公又加近郊勞。則此云近郊。據上公而言。

使者不答拜。遂執玉。三揖。至于階。使者不讓先升。侯氏升聽命。降。再拜稽首。遂升受玉。不答拜者。爲人使。不當其禮也。不讓先升。奉王命。尊也。升者。升壇。使者東面致命。侯氏東階上西面聽之。**使者左還而立。侯氏還璧。使者受。侯氏降。再拜稽首。使者乃出。**左還。還南面。示將去也。立者。見侯氏將有事於己。俟之也。還玉。重禮。○疏曰。直云使者左還。不云拜送玉者。凡奉命使。皆不拜送。若身自致者。乃拜送。

侯氏乃止使者。使者乃入。侯氏與之讓升。侯氏先升。授几。侯氏拜送几。使者設几。答拜。侯氏先升。賓禮統焉。几者。安賓。所以崇優厚也。上介出止使者。則已布席也。

白虎通曰諸侯將至京師天子遣世子迎之五十里之郊尚書大傳天子太子年十八曰孟侯於四方諸侯來朝迎于郊

侯氏用束帛乘馬儐使者。使者再拜受。侯氏再拜送幣。儐使者所以致尊敬也。拜者各於其階。使者降，以左驂出。侯氏送于門外，再拜。侯氏遂從之。騑馬曰驂。左驂設在西者。其餘三馬侯氏之士遂以出授使者之從者于外。從之者，遂隨使者以至朝。

右王使人郊勞

天子賜舍。以其新至，道路勞苦，未受其禮，且使即安也。賜舍猶致館也。所使者司空與小行人爲承擯。今文賜作錫。○疏云：賜舍猶致館者，猶聘禮致館，賓至於朝，君使卿致館也。知小行人爲承擯者，案聘禮賓主人各擯介，故知此亦陳擯介。必知使小行人爲承擯者，案小行人云及郊勞眡館將幣爲承而擯，是其義也。曰：伯父，女順命于王所，賜伯父舍。此使者致館辭。○女音汝。侯氏再拜稽首。受館。儐之束帛乘馬。王使人以命致館，無禮，猶儐之者，尊王使也。侯氏受館於外，既則儐使者於內。○外，館舍之門外也。

右王賜侯氏舍

天子使大夫戒曰某日伯父帥乃初事大夫者卿爲訝者也掌訝職曰凡訝者賓客至而往詔相其事戒猶告也其爲告使順循其事也初猶故也今文帥作率○此下言將覲之事王使人告覲期諸侯先期受次于廟凡二事帥乃初事者遵循朝覲之舊典也**侯氏再拜稽首**受覲日也

右王戒覲期

諸侯前朝皆受舍于朝同姓西面北上異姓東面北上言諸侯者明來朝者衆矣顧其入覲不得竝耳受舍于朝受次于文王廟門之外聘禮記曰宗人授次次以帷少退於君之次則是次也言舍者尊舍也天子使掌次爲之諸侯上介先朝受焉此覲也言朝者覲遇之禮雖簡其來之心猶若朝也分別同姓異姓受之將有先後也春秋傳曰寡人若朝于薛不敢與諸任齒則周禮先同姓○疏云春夏受贄於朝無迎法受享於廟有迎禮秋冬受

作今文誤。嚴本作古文是也。

贄受享皆在廟。竝無迎法。是以大門外無位。旣受覲於廟。故在廟門外受次。又云。天子春夏受享。諸侯相朝聘。迎賓客者。皆有外次。卽聘禮記宗人授次是也。有外次於大門外者。則無廟門外之內次。天子覲遇在廟者。有廟門外之內次。無大門外之外次。此文是也。又云。下曲禮云。天子當依而立。諸侯北面而見天子。曰覲。彼諸侯皆北面。不辨同姓異姓。與此不同者。此謂廟門外。爲位時。彼謂入見天子時。岐案受舍于廟。康成以爲受次于文王廟門之外。蓋以下文有肉袒廟門之東一語。遂以爲宗廟。戴氏駁之甚當。天子三朝。皐門內庫門外之朝。謂之外朝。路門外之朝。謂之內朝。亦曰治朝。其後路寢謂之燕朝。燕朝非接見諸侯之所。則受享于廟者。路門外之朝。天子當扆而立者也。受贄于朝者。庫門外之朝。天子當宁而立者也。鄭旣以廟爲宗廟。遂以朝爲路門外之內朝。故其註曲禮者曰。朝者位于內朝而序進。覲者位于廟門外而序入。當亦誤也。

右受次于廟門外

侯氏裨冕。釋幣于禰。將覲。質明時也。裨冕者。衣裨衣而冠冕也。裨之爲言埤也。天子六服。大裘爲上。其餘爲禘以事尊卑服之而諸侯亦服焉上公衮無升龍侯伯鷩子男毳孤絺卿大夫玄此差司服所掌也禰謂行主遷主矣而云禰親之也釋幣者告將覲也其釋幣如聘大夫將受命釋幣于禰之禮旣則祝藏其幣歸乃埋之於祧西階之東○此下至升成拜降出備言入覲之事質明先以將覲告行主乃入覲以瑞玉爲贄次行三享次肉袒請罪凡三節王勞之乃出禆冕者上公衮冕侯伯鷩冕子男毳冕也案玉藻諸侯玄冕以祭不得服衮冕以下而此禆冕釋幣于禰者以將入天子之廟故服之也○禆婢支反

乘墨車載龍旂弧韣乃朝以瑞玉有繅。

墨車大夫制也乘之者入天子之國車服不可盡同也交龍爲旂諸侯之所建弧所以張縿之弓也弓衣曰韣瑞玉謂公桓圭侯信圭伯躬圭子穀璧男蒲璧繅所以藉玉以韋衣木廣袤各如其玉之大小以朱白蒼爲六色今文玉爲璧繅或爲璪○案巾車云同姓金路異姓象路四衞革路各得天子五路之一今乃乘大夫之墨車者以金象等路皆在本國所乘旣入天子之國方服禆冕以朝不可更乘此車同於王者故註云車服不可盡同也弧韣與龍旂竝言註以爲張縿之弓仍是旂上一物信然否侯考○韣音獨繅音早

今文冕皆作絻

天子設斧依於戶牖之間左右几。依如今綈素屏風也有繡斧文所以示威也斧謂之黼几玉几也左右者優至尊也其席莞席紛純加繅席畫純加次席黼純○依讀如扆於豈反孔安國顧命傳云扆屏風畫爲斧文置戶牖間是也莞席紛純等並周禮司几筵文

天子袞冕負斧依。袞衣者裨之上也績之繡之爲九章其龍天子有升龍有降龍衣此衣而冠冕南鄉而立以俟諸侯見○自袞冕至玄冕五者皆裨衣唯袞爲最尊天子與上公同服以有升龍爲異九章一曰龍二曰山三曰華蟲四曰火五曰宗彝皆績於衣六曰藻七曰粉米八曰黼九曰黻皆繡於裳凡九也

嗇夫承命告于天子。嗇夫蓋司空之屬也爲末擯承命於侯氏下介傳而上上擯以告天子天子見公擯者五人見侯伯擯者四人見子男擯者三人皆宗伯爲上擯春秋傳曰嗇夫馳○疏云此所陳擯介當在廟之外門東陳擯從北鄉南行西陳介從南鄉北各自爲上下嗇夫承命告于天子則命先從侯氏出下文天子得命呼之而入命又從天子下至侯氏即令入此覲遇之禮畧唯有此一辭而已司儀云交擯三辭者據諸侯自相見於大門外法其天子春夏受享於廟見於

大門外亦可交擯三辭矣又云大宗伯爲上擯小行人爲承擯嗇夫爲末擯若子男三擯此則足矣若侯伯四擯別增一士上公五擯更別增二士若時會殷同則肆師爲承擯○註引嗇夫馳者欲見嗇夫是卑官爲末擯也顧炎武云此文在書肩征不引書而曰春秋傳者孔氏古文康成時未見也

天子曰非他伯父實來予一人嘉之伯父其入予一人將受之

言非他者親之辭嘉之者美之辭也上擯又傳此而下至嗇夫侯氏之下介受之傳而上上介以告其君君乃許入今文實作寔嘉作賀

侯氏入門右坐奠圭再拜稽首

入門右執臣道不敢由賓客位也卑者見尊奠摯而不授

擯者謁

謁猶告也上擯告以天子前辭欲親受之如賓客也其辭所易者曰伯父其升

侯氏坐取圭升致命王受之玉侯氏降階東北面再拜稽首擯者延之曰升升成拜乃出

擯者請之侯氏坐取圭則遂左降拜稽首送玉也從後詔禮曰延延進也○侯氏得擯者之告坐取圭遂向門左從左堂塗升自西階致命也

右侯氏執瑞玉行覲禮

四享皆束帛加璧庭實唯國所有四當爲三古書作三四或皆積畫此篇又多四字字相似由此誤也大行人職曰諸侯廟中將幣皆三享其禮差又無取於四也初享或用馬或用虎豹之皮其次享三牲魚腊籩豆之實龜也金也丹漆絲纊竹箭也其餘無常貨此地物非一國所能有唯所有分爲三享皆以璧帛致之○疏云三牲魚腊籩豆之實以下皆禮器文云璧帛致之者據享天子而言若享后郎用琮錦但三享在庭分爲三段一度致之據三享而言非謂三度致之爲皆也

奉束帛匹馬卓上九馬隨之中庭西上奠幣再拜稽首卓讀如卓王孫之卓卓猶的也以素的一馬以爲上書其國名後當識其何產也馬必十匹者不敢斥王之乘用成數敬也○疏云中庭亦是南北之中不參分庭一在南者以其三享同陳須入庭深設之故也

擯者曰予一人將受之○亦言王欲親受之

侯氏升致命王撫玉侯氏降自西階東面授宰幣

西階前再拜稽首以馬出授人九馬隨之王不受玉撫之而已輕財也以馬出隨侯氏出授王人於外也王不使人受馬者至于享王之尊益君侯氏之卑益臣○疏云幣卽束帛加璧并玉言幣故小行人合六幣宰卽太宰太宰主幣周禮太宰職云大朝覲會同贊玉幣玉獻玉几玉爵註云助王受此四者是也春秋受贄於朝雖無迎法王猶在朝至受享又迎之而稱賓主覲禮受享皆無迎法不下堂而見諸侯已是王尊侯卑王猶親受其玉至于三享使自執其馬玉不使人受之於庭是王之尊益君侯氏之卑益臣也又云諸侯覲天子享天子訖亦當有幣問公卿大夫**事畢**三享訖

右覲已卽行三享

乃右肉袒于廟門之東乃入門右北面立告聽事若肉袒者刑宜施於右也凡以禮事者左袒入更從右者臣益純也告聽事者告王以國所用爲罪之事也易曰折其右肱无咎○告聽事者告王以已

鄭君[illegible]覲禮唯有一門而已今文有外門外之文者是有二門也然以行禮之[illegible]在[illegible]之[illegible]以[illegible]

所爲多罪願聽王譴責之事也擯者謁諸天子天子辭於侯氏曰伯父無事歸寧乃邦謁告寧安也乃猶女也侯氏再拜稽首出自屏南適門西遂入門左北面立王勞之再拜稽首擯者延之曰升升成拜降出王辭之不即左者當出隱於屏而襲之也天子外屏勞之勞其道勞也

右侯氏請罪天子辭乃勞之

天子賜侯氏以車服迎于外門外再拜賜車者同姓以金路異姓以象路服則衮也鷩也毳也古文曰迎于門外也○自此至乃歸皆言王賜禮侯氏之事疏云案周禮巾車掌五路玉路以祀尊之不賜諸侯金路同姓以封象路以封異姓以封革路以封四衞木路以封蕃國鄭云同姓謂王子母弟率以功德出封雖爲侯伯其畫服猶如上公賜魯侯鄭伯服則衮冕得乘金路以下與上公同則太公與杞宋雖異姓服衮冕乘金路矣異姓謂舅甥之國與王有親者得

俞訓重為言重累也古
字蓋二例而注曰重累
言是其義也

乘象路。異姓侯伯。同姓子男。皆乘象路以下。四衛謂要服以內。庶姓與王無親者。自侯伯子男。皆乘革路以下。蕃國據外為總名。皆乘木路而已。案司服。上陳王之吉服有九。下云公之服自袞冕而下。如王之服。侯伯自鷩冕而下。如公之服。子男自毳冕而下。如侯伯之服也。**路先設。西上。路下四。亞之。重賜無數。在車南。**路謂車也。凡君所乘車曰路。路下四。謂乘馬也。亞之。次車而東也。詩云。君子來朝。何錫予之。雖無予之。路車乘馬。又何與之。玄袞及黼。重猶善也。所加賜善物。多少由恩也。春秋傳曰。重錦三十兩。○鄭註周禮云。路。大也。君之居以大為名。是以云路寢路門之等。

諸公奉篋服。加命書于其上。升自西階。東面。大史是右。言諸公者。王同時分命之而使賜侯氏也。右。讀如周公右王之右。是右者。始隨入。於升東面。乃居其右。古文是為氏也。○疏云。言諸。非一之義。以諸侯來覲者眾。各停一館。故命諸公分往賜之。周公右王。左傳晉祁奚語。引之者。證大史是右。是佐公而在公右之義也。大史卑。始時隨公後。升訖。公東面。大史於是乃居公右。而並東面。以宣王命也。○大音泰

侯氏升。西面立。大史

述命讀王命書也侯氏降兩階之間北面再拜稽首受命升成拜大史辭之降也春秋傳曰且有後命以伯舅耋老毋下拜此辭之類○春秋傳僖九年王使宰孔賜齊侯語引之者證此大史述王辭侯氏下拜亦如此但彼未降已辭齊侯亦不升成拜以年老故也大史加書于服上侯氏受受篋服

使者出侯氏送再拜儐使者諸公賜服者束帛四馬儐大史亦如之既云拜送乃言儐使者以勞有成禮略而遂言○使者兼公與大史而言儐使者在拜送前乃於送後略言之者以前經郊勞時已詳載成禮故略言已足也

右王賜侯氏車服

同姓大國則曰伯父其異姓則曰伯舅同姓小邦則曰叔父其異姓小邦則曰叔舅據此禮云伯父同姓大邦而言

吳廷華云此下疑爲他篇脫簡之文類附于此若認以爲覲禮失之遠矣

右王辭命稱謂之殊

饗禮乃歸 禮謂食燕也。王或不親，以其禮幣致之。略言饗禮，互文也。掌客職曰，上公三享三食三燕，侯伯再享再食再燕，子男一享一食一燕。

右畧言王待侯氏之禮以上廟受覲禮竟

諸侯覲於天子，爲宮方三百步，四門，壇十有二尋，深四尺，加方明于其上。四時朝覲受之於廟。此謂時會殷同也。宮謂壝土爲埒，以象墻壁也。爲宮者，於國外。春會同則於東方，夏會同則於南方，秋會同則於西方，冬會同則於北方。八尺曰尋，十有二尋則方九十六尺也。深謂高也。從上曰深。司儀職曰，爲壇三成。成，猶重也。三重者，自下差之爲三等，而上有堂焉。堂上方二丈四尺，上等、中等、下等每面十二尺。方明者，上下四方神明之象也。上下四方之神者，所謂明神也。會同而盟，明神監之，則謂之天之司盟。有象者，猶宗廟之有主乎。王巡守至于方嶽

記於此凡十四節六百六十言

方苞云記字宜冠此節之首而誤置篇末也記者雜述舊聞以補經所畧因拜日而並及方明文祀故事無首尾辭氣亦斷缺不完經文之體無是也若正述會同之事則宜

俞氏平義云深四尺疑當作深三尺楊倞注荀子彊國篇引或説曰明堂壇也謂巡狩方岳之下會諸侯爲宮方三百步四門壇十有二尋深四尺加方明其上左傳爲王宮於踐土亦其類也據楊氏所説則此三百步之宮亦有明堂之名宜如明堂之制考工記設殷人重屋曰堂崇三尺大戴禮複明堂亦曰堂高三尺然則三尺之崇乃古制也周人增益古制三三而九故崇九尺所謂堂高一筵是也

之下諸侯會之亦爲此宮以見之司儀職曰將會諸侯則命爲壇三成宮旁一門詔王儀南鄉見諸侯也○自此至篇末皆言時會殷同及王巡守爲壇而見諸侯之事疏云案大宗伯云時見曰會殷見曰同鄭註云時見者言無常期諸侯有不順服者王將有征討之事則既朝覲王爲壇於國外合諸侯而命事焉春秋傳曰有事而會不協而盟是也殷猶衆也十二歲王如不巡守則六服盡朝朝禮既畢王亦爲壇合諸侯以命政焉所命之政如王巡守殷見四方四方四時分來終歲則遍若如註則時會殷同亦有朝覲在廟假命當方諸侯有不順服者皆來朝王其中若當朝之歲者自於廟朝覲若不當朝之歲者當在壇朝十二年王不巡守則殷朝六服之內若當歲者即在廟其餘在壇朝故鄭言既朝覲乃爲壇於國外也朝事儀未在壇朝而先言帥諸侯拜日亦謂帥已朝者諸侯而言也南鄉見諸侯者王在堂上公於上等侯伯於中等子男於下等奠玉拜皆升堂授玉乃降也○埒音劣

方明者木也方四尺設六色東方青南方赤西方白北方黑上玄下黃設六玉上圭下璧南方璋西方琥北方

詳載發禁施政要言載書刑牲歃血之事而每一及焉且會同禮重春秋皆宜有之故周官或謂之大朝覲不宜附於覲禮之末而爾書至此其爲記者撮拾於禮亡之後決也

鄭君注云上左云者以左爲上也考此時亦有上左之文宜從古文

璜東方圭。六色象其神。六玉以禮之。上宜以蒼璧。下宜以黃琮。而不以者。則上下之神非天地之至貴者也。設玉者刻其木而著之。○據註與疏。方明之制。合六木而爲之。上下四方各異色。刻木爲陷而飾以玉。蓋以一物而象上下四方之神。非六物也。上介皆奉其君之旂置于宮。尚左。公侯伯子男皆就其旂而立。置于宮者。建之。豫爲其君見王之位也。諸公中階之前。北面東上。諸侯東階之東。西面北上。諸伯西階之西。東面北上。諸子門東。北面東上。諸男門西。北面東上。尚左者。建旂公東上。侯先伯。伯先子。子先男。而位皆上東方也。諸侯入壝門。或左或右。各就其旂而立。王降階。南鄉見之。三揖。土揖庶姓。時揖異姓。天揖同姓。見揖。位乃定。古文尚作上。○疏云。中階之前已下。皆朝事儀明堂位文。言上者。皆以近王爲上。土揖庶姓之等。是司儀職。鄭彼註云。土揖推手小下之也。時揖平推手也。天揖推手小舉之。四傳擯。王既揖五者。升壇設擯。升諸侯以會同之禮。其奠瑞玉及享幣。公拜於上等。侯伯於中等。子男於下等。擯者每延之。升堂致命。王受玉撫玉。降拜於下等。及請事勞。皆如覲禮。是以記之。覲云。四傳擯者。每一位畢。擯者以告。乃更陳列而升其次公也侯也伯也各一位子男俠門而俱東上亦一位也至庭乃設擯則諸侯初入門王官之伯帥之耳古文傳作傅○據註疏推其次第上介先期置旂質明王帥諸侯拜日東郊反祀方明二伯帥諸侯入壝門左右立王降階南鄉三揖諸侯皆就其旂而立乃傳擯執瑞玉以覲璧帛以享請事勞皆如前經所陳也

天子乘龍載大旂象日月升龍降龍出拜日於東門之外反祀方明

此謂會同以春者也馬八尺以上爲龍大旂大常也王建大常縿首畫日月其下及旒交畫升龍降龍朝事儀曰天子冕而執鎭圭尺有二寸繅藉尺有二寸搢大圭乘大路建大常十有二旒樊纓十有二就貳車十有二乘帥諸侯而朝日於東郊所以教尊尊也退而朝諸侯由此二者言之已祀方明乃以會同之禮見諸侯也凡會同者不協而盟司盟職曰凡邦國有疑會同則掌其盟約之載書及其禮儀北面詔明神既盟則藏之言北面詔明神則明神有象也象者其方明乎及盟時又加於壇上乃以載辭告焉詛祝掌其祝號○疏云邦國有疑則有盟事朝日既畢乃祀方明於壇祀方明禮畢退去方明於下天子乃升壇與諸侯相見朝禮既畢乃更加方

明於壇與諸侯行盟誓之禮若邦國無疑王帥諸侯朝日而已無祀方明之事**禮日於南門外禮月與四瀆於北門外禮山川丘陵於西門外**此謂會同以夏冬秋者也變拜言禮者客祀也禮月於北郊者月太陰之精以爲地神也盟神必云日月山川焉者尚著明也詩曰謂予不信有如皦日春秋傳曰縱子忘之山川神祇其忘諸乎此皆用明神爲信也○鄭云變拜言禮者客祀也拜日於東門之外日實在東故言拜日月四瀆山川丘陵不信其處但於此致敬而已故云客祀不言拜而言禮也禮畢亦反祀方明而見諸侯矣**祭天燔柴祭山丘陵升祭川沈祭地瘞**升沈必就祭者也就祭則是謂王巡守及諸侯之盟神也其盟揭其著明者燔柴升沈瘞祭禮終矣備矣郊特牲曰郊之祭也迎長日之至也大報天而主日也宗伯職曰以實柴祀日月星辰則燔柴祭天謂祭日也柴爲祭日則祭地瘞者祭月也日月而云天地靈之也王制曰王巡守至于岱宗柴是王巡守之盟其神主日也春秋傳曰晉文公爲踐土之盟而傳云山川之神是諸侯之盟其神主山川也月者太陰之精上爲天使臣道莫貴焉是王官之

吳廷華云東箱東序也

伯會諸侯而盟其神主月與古文瘞作殪○此言天子巡守四岳各隨方向祭之以爲盟主於山言升於川言沈是就其處而舉此禮故知是王者巡守之事鄭前註云王巡守至于方岳之下諸侯會之亦爲此宮以見之爲此經設也鄭又以祭天爲祭日祭地爲祭月皆非正祭天地之神前經春夏皆祭日則此言祭天燔柴亦謂春夏東巡南巡也前經秋祭西郊此言祭山丘陵升亦西巡事前經冬祭月與四瀆此言祭川沈祭地瘞亦北巡事未知然否姑據註疏釋之

記

几俟于東箱○王即席乃設之也東箱東夾之前相翔待事之處**偏駕不入王門**○在旁與己同自偏同姓金路異姓象路四衛革路蕃國木路駕之與王同謂之偏駕不入王門乘墨車以朝是也偏駕之車舍之於館與○周禮巾車掌王五輅玉輅以祀金輅以賓象輅以朝革輅以卽戎木輅以田此五輅者天子乘之爲正諸侯分受其四則爲偏也駕之爲偏其猶冕之爲禪與**奠圭于繅上**謂釋於地也○侯氏入門右奠圭于地時以所垂之繅承藉之

吳諸侯金路以下俱謂之偏

儀禮鄭註句讀

忠棟云喪服傳有南北諸儒之說故賈疏甚詳亦較明暢

青筆爲漢木簡甲本
陳校者陳夢家簡本校記

喪必有服所以爲至痛飾也

黃筆爲漢木簡乙本

赭筆爲漢竹簡丙本
丙本無傳

儀禮　鄭氏註　濟陽張爾岐句讀

喪服第十一子夏傳

鄭目錄云天子以下死而相喪衣服年月親疏隆殺之禮不忍言死而言喪喪者棄亡之辭若全存居於彼焉已亡之耳大戴第十七小戴第九劉向別錄第十一○疏云案喪服上下十有一章從斬至緦麻升數有異異者斬有正義不同爲父以三升爲正爲君以三升半爲義其冠同六升三年齊衰惟有正服四升冠七升繼母慈母雖是義以配父故與因母同是以略爲節有正而已杖期齊衰有正而已父在與母與爲妻同正服齊衰五升冠八升不杖齊衰期章有正有義二等正則五升冠八升義則六升冠九升齊衰三月章皆義服齊衰六升冠九升曾祖父母計是正服但正服合以小功以尊其祖不服小功而服齊衰非本服故同義服也殤大功有降有義爲夫之昆弟之長子殤是義其餘皆降服也降服衰七升冠十升義服衰九升冠十一升大功章有降有正有義姑姊妹出適之等是降婦人爲夫之族類爲義自餘皆正衰冠如上釋也繐衰唯有義服四升半皆冠七升而已以諸侯大夫爲天子故同

義服也殤小功有降有義婦人爲夫之族類是義自餘皆降服降則衰冠同十升義則衰冠同十二升小功亦有降有正有義如前釋緦麻亦有降有正有義皆如上陳但衰冠同十五升抽去半而已自斬以下至緦麻皆以升數升數少者在前升數多者在後要不得以此升數爲叙者一則正義及降升數不得同在一章又繐衰四升半在大功之下小功之上鄭下註云在小功之上者欲審著縷之精粗若然喪服章次雖以升數多少爲前後要取縷之精粗爲次第也

喪服斬衰裳苴絰杖絞帶冠繩纓菅屨者

者者明爲下出也凡服上曰衰下曰裳麻在首在要皆曰絰絰之言實也明孝子有忠實之心首絰象緇布冠之缺項要絰象大帶又有絞帶象革帶齊衰以下用布○喪服二字此一篇總目斬衰裳謂斬三升布以爲上衰下裳也苴絰杖絞帶苴字冒下三事謂以苴麻爲首絰要絰苴竹爲杖又以苴麻爲絞帶苴惡貌又黎黑色也冠繩纓以六升布爲冠又屈一條繩爲武垂下爲纓也疏云此繩纓不用苴麻用枲麻菅屨以菅草爲屨周公設經上陳其服下列其人故以者字截句言喪服如此等者臣子爲君爲父然也故註云者者明爲下

出也註齊衰以下用布單指絞帶一事而言○苴七餘反絰大結反絞戶交反一如字菅古顏反屨九具反

傳曰斬者何不緝也苴絰者麻之有蕡者也苴絰大搹左本在下去五分一以爲帶齊衰之絰斬衰之帶也去五分一以爲帶大功之絰齊衰之帶也去五分一以爲帶小功之絰大功之帶也去五分一以爲帶緦麻之絰小功之帶也去五分一以爲帶苴杖竹也削杖桐也杖各齊其心皆下本杖者何爵也無爵而杖者何擔主也非主而杖者何輔病也童子何以不杖不能病也婦人何以不杖亦不能病也盈手曰搹搹扼也中人之扼圍九寸以五分一爲殺者象五服之數也爵謂天子諸侯卿大夫士也無爵謂庶人也擔猶假也無爵者假之以杖尊

其爲主也非主謂衆子也○蕡麻子麻之有子者質色粗惡以之爲首絰要絰與絞帶也苴絰大搹者首絰之大其圍九寸應中人大指食指之一扼也左本在下者本謂麻根首絰之制以麻根置左當耳上從額前遶項後復至左耳上以麻之末加麻根之上綴束之也賈疏以爲此對爲母則右本在上也去五分一以爲帶帶要絰也去首絰五分之一以爲要絰之數首絰九寸則要絰七寸二分也齊衰首絰七寸二分其要絰則五寸零二十五分寸之十九自大功至緦麻其首絰要絰降殺之法並放此苴杖斬衰所用削杖齊衰所用因釋杖而兼及之削謂削之令方喪服小記云絰殺五分而去一杖大如絰鄭註云如要絰也傳云童子婦人皆不杖疏以爲此庶童子不杖若當室童子則免而杖矣又喪服小記云女子子在室爲父母其主喪者不杖則子一人杖鄭註云無男昆弟使同姓爲攝主不杖則子一人杖謂長女也是婦人亦有時當杖疏又云禮記諸文言婦人杖者甚衆何言無杖愚意禮記雜出漢儒當據此傳爲正○蕡扶云反搹音革擔市豔反

絞帶者繩帶也冠繩纓條屬右縫冠六升外畢鍛而勿

灰衰三升菅屨者菅菲也外納屬猶著也通屈一條繩爲武纓爲升升字當爲登登成也今之禮皆以登爲升俗誤已行久矣雜記曰喪冠條屬以別吉凶三年之練冠亦條屬右縫小功以下左縫外畢者冠前後屈而出縫於武也○絞帶者絞麻爲繩以作帶也疏云大如要絰要絰象大帶此象革帶又云絰帶至虞後變麻服葛絞帶至虞後亦當變麻服布蓋以意推之冠繩纓條屬者冠以繩爲纓同條而連屬也疏曰案禮記云喪冠條屬以別吉凶若然吉冠則纓武別材凶冠則纓武同材是以鄭云通屈一條繩爲武謂將一條繩從額上約之至項後交過兩廂各至耳於武綴之各垂於頤下結之云著之冠者武纓皆上屬著冠冠六升外畢是也右縫者其冠三辟積向右爲之小功以下冠亦三辟積向左爲之不同也外畢者疏云冠廣二寸落項前後兩頭皆在武下鄉外出反屈之縫於武而爲之兩頭縫畢鄉外故云外畢由在武下出反出之故喪冠又謂之厭冠鍛者用水濯之以冠是首飾故布倍衰裳而又鍛之但勿加灰耳衰三升裳與衰同可知此子爲父正服若臣爲君義服則衰三升半菅屨卽菅菲

以菅草爲屨也。疏云，周公時謂之屨，子夏時謂之菲，外納者，鄭氏以納爲收餘，謂編屨畢，以其餘頭向外結之。○屬音燭，升鄭音登，登成也。鍛丁亂反

居倚廬，寢苫枕塊，哭晝夜無時。歠粥，朝一溢米，夕一溢米。寢不脫絰帶。既虞，翦屏柱楣，寢有席，食疏食，水飲，朝一哭，夕一哭而已。既練，舍外寢，始食菜果，飯素食，哭無時。

二十兩曰溢，爲米一升二十四分升之一。楣謂之梁，柱楣所謂梁闇。疏猶麤也。舍外寢，於中門之外，屋下壘墼爲之，不塗墍，所謂堊室也。素猶故也，謂復平生時食也。斬衰不書受月者，天子諸侯卿大夫士虞卒哭異數。○居倚廬一段，言居三年喪之大節。自居倚廬至不脫絰帶，言未葬時事。既虞謂葬畢卒哭後。練謂小祥後也。居倚廬者，疏云，孝子所居，在門外東壁，倚木爲廬。既夕鄭註云，倚木爲廬，在中門外東方，北戶。又喪大記云，凡非適子者，自未葬倚於隱者爲廬。註云，不欲人屬目，蓋廬於東南角。若然，適子則廬於其北，顯處爲之，以當應接弔賓，故不於隱者。哭晝夜無時者，疏云，哭有三

說文金部鋝本文重也段氏注云十黍爲絫而古稱從此絫十絫爲一銖二十四銖爲兩十六兩爲斤三十斤爲鈞四鈞爲石石許作䄷未命䄷百三十斤也此當作百二十斤爲石許云寽十二斤一斤當有一斤三兩四銖八絫以二十四銖爲兩計之鋝乎兩爲四百八十銖一寽爲四百六十銖八絫四百八十銖除去四百六十銖八絫仍有十九銖二絫再以一寽作二十四分分之得合適得十九銖二絫爲二十四分廿之一也

無時。始死未殯已前。哭不絕聲。一無時。既殯已後。卒哭祭已前。阼階之下爲朝夕哭。在廬中思憶則哭。二無時。既練之後。無朝夕哭。唯有廬中或十日或五日。思憶則哭。三無時也。卒哭之後。未練之前。唯有朝夕哭。是一有時也。據疏則傳言哭晝夜無時。謂未殯前哭不絕聲。卒哭前哀至則哭也。歠粥三句。三日始食後之食節也。既虞翦屏柱楣。疏云。既虞之後。乃改舊廬。西鄉開戶。翦去戶傍兩廂屏之餘草。柱楣者。前梁謂之楣。楣下兩頭豎柱施梁。乃夾戶傍之屏也。練。十三月之祭。此日以練布爲冠服。故以名祭。即小祥也。既練舍外寢者。註以爲堊室。明非正寢。但於中門外舊廬處爲屋以居而已。是月。男子除首絰而帶獨存。婦人除要帶而絰獨存。其服期者則即吉。註云。復平生時食。此據穀食而言。謂精鑿如平生。不復用粗糲。非謂飲酒食肉也。註云。斬衰不言受月。疏云。服隨衰降殺。以冠爲受。斬衰裳三升。冠六升。既葬後以其冠爲受。衰裳六升。冠七升。小祥又以其冠爲受。衰裳七升。冠八升。自餘齊衰以下。受服之時。差降可知。然葬後有受有不受。絰皆有文。此斬衰及齊衰。應言受月而不言者。以天子以下葬期不同。其葬期遠者。虞而受服。葬期近者。卒哭而受服。有此異

儀禮鄭註句讀 喪服第十一

賈氏篇首疏云為君以三升半為義及記鄭云諸侯為天子臣為君之等正義然之文也黄例校圍及盛氏沿氏從之而戴震全校乃以三升半之衰有指公士大夫之臣為其君胡氏據

數經言其上下合同者故略之不言也○枕之鴆反塊苦對反歠昌悅反粥之六反柱丁主反楣亡悲反疏食音嗣墼古狄反堊其既反

父○

正服

傳曰爲父何以斬衰也○父至尊也○

諸侯爲天子○

賈疏以為義服恐儒有以為正服者

傳曰天子至尊也○

君○

全上

傳曰君至尊也○天子諸侯及卿大夫有地者皆曰君○疏曰士無臣雖有地不得君稱故僕隸等爲其長弔服加麻不服斬也

父爲長子。不言嫡子，通上下也。亦言立嫡以長。

傳曰：何以三年也？正體於上，又乃將所傳重也。庶子不得爲長子三年，不繼祖也。此言爲父後者，然後爲長子三年，重其當先祖之正體，又以其將代己爲宗廟主也。庶子者，爲父後者之弟也。言庶者，遠別之也。小記曰：不繼祖與禰，此但言祖不言禰，容祖禰共廟。

爲人後者

傳曰：何以三年也？受重者必以尊服服之。何如而可爲之後？同宗則可爲之後。何如而可以爲人後？支子可也。爲所後者之祖父母、妻、妻之父母、昆弟、昆弟之子，若子。若子者，爲所爲後之親如親子。

○受重者，受宗祧祭祀之重也。所後者之祖父母，即其曾祖父母。所後者之妻，即其母。所後者之妻之父母、昆弟、昆弟之子。卽其外祖父母及舅與內兄弟。皆如親子。爲之著服也。不偏言他親。其並如親子。可推知也。

妻爲夫。

傳曰。夫至尊也。○自此以下。論婦人服。

妾爲君。

傳曰。君至尊也。妾謂夫爲君者。不得體之。加尊之也。雖士亦然。

女子子在室爲父。女子子者。子女也。別於男子也。言在室者。關已許嫁。

布總箭笄髽衰三年。此妻妾女子子喪服之異於男子者。總束髮。謂之總者。既束其本。又總其末。箭笄。篠也。髽。露紒也。猶男子之括髮。斬衰括髮以麻。則髽亦用麻也。蓋以麻自項而前。交於額上。卻繞紒。如著幓頭焉。小記曰。男子冠而婦人笄。男子免而婦人髽。凡服。上曰衰。下曰裳。此但言衰不言裳。婦人不殊裳。衰如男子衰。下如深衣。深衣則衰無帶下。又無衽。○疏云：經之體例，皆上陳服，下陳人。此服之異，在下言之者，欲見與男子同者如前，與男子異者如後，故設文與常不例也。又曰：上文列服之中，冠繩纓非女子所服，此布總箭笄髽等亦非男子所服，是以爲文以易之也。○髽，側瓜反。幓，七消反。

傳曰：總六升，長六寸；箭笄長尺，吉笄尺二寸。總六升者，首飾象冠數。長六寸，謂出紒後所垂爲飾也。○總六升，註云象冠數，謂象斬衰冠之數，餘服當亦各象其冠布之數。長六寸，註知其指紒後者，以其束髮處人所不見，無寸可言也。疏云：此斬衰六寸，南宮縚妻爲姑總八寸，以下雖無文，大功當與齊同八寸，緦麻小功同一尺，吉總當尺二寸，與笄同也。又云：此斬之笄用箭，下記云女子子適人爲父母，婦爲舅姑，用惡笄，鄭以爲榛木爲笄，則檀弓南宮縚之妻之姑之喪云蓋榛以爲笄是也。吉時大夫士與妻用象，天子諸侯之后夫人用玉爲笄，今於喪中唯有此箭笄及榛二者，若言寸數，亦不過此二等，五服皆用一尺而已。是以女子子爲父母，既用榛笄，卒哭之後，折吉笄之首，歸於夫家，以榛笄之外無可差降也。○長，直亮反。

子嫁反在父之室爲父三年。謂遭喪後而出者始服齊衰期出而虞則受以三年之喪受既虞而出則小祥亦如之既除喪而出則已凡女行於大夫以上曰嫁行於士庶人曰適人○疏云嫁女爲父五升衰八升總虞後受以八升衰九升總今未虞而出虞後受服當與在室之女同以三年之喪受三年之喪始死三升衰裳六升冠既葬以其冠爲受六升衰裳七升冠此被出之女亦受以衰六升總七升也既虞而出已受以出嫁齊期之受矣至小祥後練祭乃受以衰七升總八升與在室之女同若既小祥而出以其嫁女本爲父母期至此已除則不復更爲父母著服也又云若天子之女嫁於諸侯諸侯之女嫁於大夫出嫁爲夫斬仍爲父母不降以其外宗內宗及與諸侯爲兄弟者爲君皆斬明知女雖出嫁反爲君不降

公士大夫之衆臣爲其君布帶繩屨。士卿士也公卿大夫厭於天子諸侯故降其衆臣布帶繩屨貴臣得伸不奪其正○布帶與齊衰同繩屨與大功同自二事外並如斬衰之制也貴臣與衆臣異則得依上文絞帶

菅屨。○厭，一葉反。

傳曰：公卿大夫室老士貴臣也，其餘皆衆臣也。君，謂有地者也。衆臣杖不以即位，近臣君服斯服矣。繩屨者，繩菲也。室老，家相也。士，邑宰也。近臣，閽寺之屬。君，嗣君也。斯，此也。近臣從君喪服無所降也。繩菲，今時不借也。○傳言公卿大夫之家臣，唯家老與邑宰二者是貴臣，其餘皆衆臣。經所言為其君布帶繩屨者，皆是屬也。公卿大夫有有地有無地，此所謂君，謂有地者也。有地者，其衆臣又不但帶屨有別，雖有杖，不得與嗣君同即東階下朝夕哭位。無地者之臣，則得以杖即位。若夫近君之小臣，又與衆臣不同，嗣君所服，近臣斯服之矣。

疏衰裳齊，牡麻絰，冠布纓，削杖，布帶，疏屨，三年者。疏，猶麤也。○以四升麤布為衰裳，而緝之。牡麻為首絰、要絰。冠以七升布為纓。削桐為杖。七升布為帶，以象革帶。疏草為屨。服此服以至三年

者。下文所列者。其人也。○牡茂后反

傳曰。齊者何。緝也。牡麻者。枲麻也。牡麻絰。右本在上。冠者沽功也。疏屨者。藨蒯之菲也。沽猶麤也。冠尊。加其麤。麤功。大功也。齊衰不書受月者。亦天子。諸侯。卿。大夫。士。虞卒哭異數。○牡麻。麻之華而不實者。牡麻爲絰。其本在冠右而居末上。此首絰結束之法也。齊衰冠用七升布而麤加人功。以冠尊。故升數恆多而加飾也。藨蒯。皆草名。以此草爲屨也。受衰必於虞卒哭。虞卒哭異數。故齊衰不言其受月。亦如斬衰章也。○枲思似反　沽音古。後同。藨皮表反。蒯古怪反

父卒。則爲母。尊得伸也。○疏云。父卒三年之內而母卒。仍服期。要父服除後而母死。乃得伸三年。

繼母如母。

傳曰。繼母何以如母。繼母之配父與因母同。故孝子不敢殊

也。因猶親也。

慈母如母。

傳曰：慈母者何也？傳曰：妾之無子者，妾子之無母者，父命妾曰：「女以爲子。」命子曰：「女以爲母。」若是，則生養之，終其身如母；死則喪之三年如母，貴父之命也。此謂大夫之妾也。不命則亦服庶母慈己之服可也。大夫之妾子，父在爲母大功，則士之妾子爲母期矣。父卒則皆得伸也。○疏曰：傳別舉傳者，是子夏引舊傳證成己義故也。又云：妾之無子者，謂舊有子今無者。若未經有子，恩慈淺，則不得立後而養他子。不云君命妾曰，而云父者，對子而言父，故言父也。云貴父之命者，一非骨肉之屬，二非配父之尊，但唯貴父之命故也。又云：案喪服小記云：爲慈母後者，爲庶母可也，爲祖庶母可也。鄭云：緣爲慈母後之義，父之妾無子者，亦可命己庶子爲後。疏又云：鄭知此主謂大夫士之妾，知

儀禮鄭註句讀

非天子諸侯之妾與妾子者.下記云.公子爲其母練冠麻衣縓緣.既葬除之.父沒乃大功.何有命爲母子爲之三年乎.又云.不命則亦服庶母慈己之服者.謂但使養之.不命爲母子.爲之服小功.若不慈己.則緦麻矣.註父卒則皆得伸.謂皆得爲其母三年.愚嘗疑爲祖庶母後之說.陳氏註云.若父之妾有子而子死.己命己之妾子後之亦可.故云爲祖庶母可也.徐氏註云.凡妾之有子者.稱庶母.祖庶母.其無子者.則稱父妾祖妾而已.但爲庶母後.卽後此母.爲祖庶母後.卽後其子之受室者.此爲不同耳.顧炎武云.父命妾曰.女以爲子.謂憐其無母.視之如子.長之.育之.非立之以爲妾後也.喪服小記以爲爲慈母後.此漢儒之誤.吾未之敢信也.得之.

記 妾爲君之長子
小記 祖父卒而后爲祖母後者三年

母爲長子.

傳曰.何以三年也.父之所不降.母亦不敢降也.不敢降者.不敢以己尊降祖禰之正體.○疏云.母爲長子.不問夫之在否.

疏衰裳齊牡麻絰冠布纓削杖布帶疏屨期者○疏云此章雖止一期而禫杖具有案雜記云期之喪十一月而練十三月而祥十五月而禫註云此謂父在爲母卽是此章者也

傳曰問者曰何冠也曰齊衰大功冠其受也緦麻小功冠其衰也帶緣各視其冠問之者斬衰有三其冠同今齊衰有四章不知其冠之異同爾緣如深衣之緣今文無冠布纓○疏曰云齊衰大功冠其受也者降服齊衰四升冠七升既葬以其冠爲受衰七升冠八升正服齊衰五升冠八升既葬以其冠爲受衰八升冠九升義服齊衰六升冠九升既葬以其冠爲受衰九升冠十升降服大功衰七升冠十升既葬以其冠爲受受衰十升冠十一升正服大功衰八升冠十升既葬以其冠爲受受衰十升冠十一升義服大功衰九升冠十一升既葬以其冠爲受受衰十一升冠十二升以其初死冠升與既葬衰升數同故云冠其受也云緦麻小功冠其衰也者以其降服小功衰十升正服小功衰十一升義服小功衰十二升緦麻十五升抽其半七升半冠皆與

衰升數同故云冠其衰也云帶緣各視其冠者帶謂布帶象革帶者緣謂喪服之內中衣緣用布緣之二者之布升數多少各比擬其冠也按註斬衰有三指爲父爲君爲子之三等齊衰四章謂三年杖期不杖期三月凡四章也疏又云喪服中衣用布亦當各視其冠○緣以絹反

父在爲母

傳曰何以期也屈也至尊在不敢伸其私尊也父必三年然後娶達子之志也○吳澄云夫爲妻之服既除則子爲母之服亦除家無二尊也子服雖除而居喪之實如故所殺者三年之文而已

妻

傳曰爲妻何以期也妻至親也適子父在則爲妻不杖以父爲之主也服問曰君所主夫

人妻大子適婦父在子爲妻以杖卽位謂庶子○疏云天子以下至士庶人父皆不爲庶子之妻爲喪主故夫皆爲妻杖得伸也

出妻之子爲母出猶去也

傳曰出妻之子爲母期則爲外祖父母無服傳曰絕族無施服親者屬出妻之子爲父後者則爲出母無服傳曰與尊者爲一體不敢服其私親也在旁而及曰施親者屬母子至親無絕道○妻出則與其族絕卽無旁及之服唯母子至親爲相連屬故爲服也爲父後者謂父沒適子代父承宗廟祭祀之事故云與尊者爲一體

父卒繼母嫁從爲之服報○疏云父卒繼母嫁此母巳爲父服斬衰三年恩意之極故子爲之一期得伸禫杖云從爲之服者以其繼母又嫁便是路人子仍著服故生從爲之文也報者兩相爲服也喪服上下幷記云報者十

本師曹先生曰嘗當爲尚聲之誤也

有二。皆無降殺之差。吳氏以從爲從之改嫁。顧炎武云。從字句。謂年幼不能自立。從母而嫁也。母之義既絶於父。故不得三年。而其恩猶在於子。不可以不爲之服也。○爲于僞反

傳曰。何以期也。貴終也。嘗爲母子。貴終其恩。

不杖麻屨者。此亦齊衰。言其異於上。○疏曰。此章與上章雖杖與不杖不同。其正服齊衰裳皆同五升。而冠八升。則不異也。

祖父母。

傳曰。何以期也。至尊也。

世父母叔父母。

傳曰。世父叔父何以期也。與尊者一體也。然則昆弟之子何

以亦期也旁尊也不足以加尊焉故報之也父子一體也夫妻一體也昆弟一體也故父子首足也夫妻牉合也昆弟四體也故昆弟之義無分然而有分者則辟子之私也子不私其父則不成爲子故有東宮有西宮有南宮有北宮異居而同財有餘則歸之宗不足則資之宗世母叔母何以亦期也以名服也宗者世父爲小宗典宗事者也資取也爲姑在室亦如之○世叔父與尊者一體於祖爲父子於父爲兄弟是與己之尊者爲一體也以其爲旁尊不足以加尊於人故爲昆弟之子亦如其服以報之若祖之正尊則孫爲祖期而祖但爲孫大功矣下文皆廣明一體之義且以見尊之有正有旁恩禮所由隆殺也末言有餘不足皆統於宗仍以明一體之義世叔母曰以名服者二母本是路人以牉合於世叔父故有母名因而服之卽上所云夫妻一體也○旁

薄浪反胖普半反

大夫之適子爲妻。○疏曰云大夫之適子爲妻在此不杖章則爲妻杖亦在彼章也愚按下經大夫庶子爲妻父沒後適子亦子爲妻大功不知註疏何以云當杖

傳曰何以期也父之所不降子亦不敢降也何以不杖也父在則爲妻不杖。大夫不以尊降適婦者重適也凡不降者謂如其親服服之降有四品君大夫以尊降公子大夫之子以厭降公之昆弟以旁尊降爲人後者女子子嫁者以出降○案下經適婦在大功章庶婦在小功章父之所不降謂不降在小功也子亦不敢降大夫眾子爲妻皆大功今適子爲妻期是亦不敢降也前章註云父在子爲妻以杖即位謂庶子者蓋士禮也若大夫之庶子父在僅得服大功何以得以杖即位乎

昆弟昆兄也爲姊妹在室亦如之

案不降正之名義例指因於有之云必有降之者而對後可名爲不降

不降正服

正服

爲衆子。衆子者長子之弟及妾子女子在室亦如之士謂之衆子未能遠別也大夫則謂之庶子降之爲大功天子國君不服之內則曰冢子未食而見必執其右手適子庶子已食而見必循其首○註引內則證衆子之異於長子也

昆弟之子。

傳曰何以期也報之也。檀弓曰喪服兄弟之子猶子也蓋引而進之。

大夫之庶子爲適昆弟。兩言之者適子或爲兄或爲弟。

傳曰何以期也父之所不降子亦不敢降也。大夫雖尊不敢降其適重之也。

適子爲庶昆弟庶昆弟相爲亦如大夫爲之。○疏曰云父之所不降者卽斬章父爲長子是也云子亦不敢降者於此服期是也按後經大夫爲庶子降服大功適子爲庶昆弟庶昆弟相爲並大功故註曰如大夫爲之。

適孫。

正義言何以者據孫於大功而問也
臧氏云傳意蓋謂孫爲祖期祖亦當報之以期以正尊故降之於大功而爲適孫則在此等是不敢降其適也

正義謂適子死乃立適孫爲後是適孫將上爲祖後者也之人此云周之道上謂周禮對殷禮適子死立弟之子爲後言也長子在孫無適庶之別雖祖之長者亦與庶孫同服大功以明傳所言無適孫之義也

張子云爲其父母不論其族遠近並以期服報之

葉學泉云降其父母之服之因親生於父母而其父母亦降其尊而爲之報以同其子於昆弟之子凡此皆所以來重於大宗使割其私恩而尊之以報也

正義此傳者設爲問答以明服期之義云以明大宗之重也

傳曰何以期也不敢降其適也有適子者無適孫孫婦亦如之。周之道適子死則立適孫是適孫將上爲祖後者也長子在則皆爲庶孫耳孫婦亦如之適婦在亦爲庶孫之婦凡父於將爲後者非長子皆期也○傳言有適子者無適孫明此言適孫是長子死其適孫承重者祖爲之期若長子在則同於庶孫但爲服大功也顧炎武云家子身之副貳也家無二主亦無二副故有適子者無適孫唐高宗有太子而復太孫非矣註言凡父於將爲後者非長子皆期也謂無適長子而立衆子爲後亦但爲之期曰凡父則士以上皆然也

爲人後者爲其父母報○子出後於人爲本生父母服期其本生父母亦報之以期者顧炎武云重其繼大宗故不以出降也

降服

李氏云不貳斬之云耳

傳曰何以期也不貳斬也何以不貳斬也持重於大宗者降其小宗也爲人後者孰後後大宗也曷爲後大宗大宗者尊

之統也禽獸知母而不知父野人曰父母何算焉都邑之士則知尊禰矣大夫及學士則知尊祖矣諸侯及其大祖天子及其始祖之所自出尊者尊統上卑者尊統下大宗者尊之統也大宗者收族者也不可以絶故族人以支子後大宗也適子不得後大宗都邑之士則知尊禰近政化也大祖始封之君始祖者感神靈而生若稷契也自由也及始祖之所由出謂祭天也上猶遠也下猶近也收族者謂別親疏序昭穆大傳曰繫之以姓而弗別綴之以食而弗殊雖百世婚姻不通者周道然也○持重於大宗謂既爲大宗服重服也大宗者尊之統謂其爲族中尊貴之統緒也爵尊者其尊統所及者遠天子諸侯是也爵卑者其尊統所及者近大夫士是也上下雖不同凡爲大宗則其族中尊貴之統緒也凡爲大宗皆以收合族人使不乖暌者也故不可以絶故爲之後者即降其本宗適子不得後大宗以其自當主

小宗之事故也。

女子子適人者爲其父母昆弟之爲父後者。

傳曰爲父何以期也婦人不貳斬也婦人不貳斬者何也婦人有三從之義無專用之道故未嫁從父旣嫁從夫夫死從子故父者子之天也夫者妻之天也婦人不貳斬者猶曰不貳天也婦人不能貳尊也爲昆弟之爲父後者何以亦期也婦人雖在外必有歸宗曰小宗故服期也從者從其教令歸宗者父雖卒猶自歸宗其爲父後服重者不自絕於其族類也曰小宗者言是乃小宗也小宗明非一也小宗有四丈夫婦人之爲小宗各如其親之服避大宗。○出嫁之女爲本宗期者三父一母一昆弟爲父後者一婦人雖已嫁在外必有所歸之宗此昆弟之爲父後者。卽繼禰之小宗。故爲之服期也。註小宗有四者。謂繼高祖之宗。繼曾祖之宗。繼祖之宗。繼禰之宗。丈夫婦人爲四等小宗。各如其親疏尊卑服之。無所加減。大宗則五服外皆爲齊衰三月。五服內。則依其月筭爲之齊衰。故云辟大宗也。女子適人。爲其私親。皆降一等。於兄弟之爲父後者。則不降也。

繼父同居者。

傳曰。何以期也。傳曰。夫死妻穉子幼。子無大功之親。與之適人。而所適者亦無大功之親。所適者以其貨財爲之築宮廟。歲時使之祀焉。妻不敢與焉。若是則繼父之道也。同居則服齊衰期。異居則服齊衰三月也。必嘗同居。然後爲異居。未嘗同居。則不爲異居。妻穉謂年未滿五十。子幼謂年十五已下。子無大功之親謂同財者也。爲之築宮廟於家門之外神不歆非族妻不敢與焉恩雖至親族已絶矣夫不可二此以恩服爾未嘗同居則不服之○必嘗同居然後爲異居者前時三者具爲同居後三者一事闕即爲異居乃爲齊衰三月若初往繼父家時三者即不具是未嘗同居全不爲服○

適施隻反

爲夫之君

傳曰何以期也從服也○從夫而服也

姑姊妹女子子適人無主者姑姊妹報

傳曰無主者謂其無祭主者也何以期也爲其無祭主故也

無主後者人之所哀憐不忍降之○姑姊妹女子子已適人應降服大功以其無祭主不忍降還爲之期其姑姊妹亦爲姪兄弟報女子子不言報者爲父母自然猶期不須言報也

爲君之父母妻長子祖父母

傳曰何以期也從服也父母長子君服斬妻則小君也父卒然後爲祖後者服斬此爲君矣而有父若祖之喪者謂始封之君也若是繼體則其父若祖有廢疾不立父卒者父爲君之孫宜嗣位而早卒今君受國於曾祖○註言繼體之君容有祖父之喪者謂父有廢疾不立而受國於祖或祖有廢疾不立父宜立而又早卒受國於曾祖故身已爲君而又有父若祖之喪皆爲之三年其臣從服爲之期也疏又載趙商問己爲諸侯父有廢疾不任國政不任喪事而有祖喪欲言三年則父在欲言期復無主其制度年月如何答曰天子諸侯之喪皆服斬無期彼志與此註相兼乃具按此經所言君之父祖皆未嘗爲君者若已爲君則嗣立者不得稱君而臣亦不敢僅爲之期矣

妾爲女君

傳曰何以期也妾之事女君與婦之事舅姑等。女君君適妻也女君於妾無服報之則重降之則嫌○註報之則重二句解女君於妾無服之故嫌謂嫌若姑爲婦降服也

婦爲舅姑

傳曰何以期也從服也

夫之昆弟之子男女皆是

傳曰何以期也報之也

公妾大夫之妾爲其子

傳曰何以期也妾不得體君爲其子得遂也此言二妾不得從於女君尊降其子也女君與君一體唯爲長子三年其餘以尊降之與妾子同也○疏云諸侯爲衆子無服大夫爲衆子大功其妻體

君亦從夫而降妾賤不得體君故自爲其子得伸遂而服期也

女子子爲祖父母

傳曰何以期也不敢降其祖也經似在室傳似已嫁明雖有出道猶不降○疏云已嫁之女可降旁親祖父母正期故不降也又云經傳互言之欲見在室出嫁同不降

大夫之子爲世父母叔父母子昆弟昆弟之子姑姊妹女子子無主者爲大夫命婦者唯子不報命者加爵服之名自士至上公凡九等君命其夫則后夫人亦命其妻矣此所爲者凡六命夫六命婦○大夫之子得行大夫禮降其旁親一等此十二人皆合降至大功以其爲大夫爲命婦尊與己同故不降唯子不報者子爲父母三年女子適人自當服期不得言報餘人則皆報也

傳曰大夫者其男子之爲大夫者也命婦者其婦人之爲大

夫妻者也無主者命婦之無祭主者也何以言唯子不報也女子子適人者爲其父母期故言不報也言其餘皆報也何以期也父之所不降子亦不敢降也大夫曷爲不降命婦也夫尊於朝妻貴於室矣（無主者命婦之無祭主謂姑姊妹女子子也其有祭主者如衆人唯子不報男女同不報爾傳唯據女子子似失之矣大夫曷爲不降命婦據大夫於姑姊妹女子子既已出降大功其適士者又以尊降在小功也夫尊於朝與己同婦貴於室從夫爵也○其有祭主者如衆人謂亦服大功）

大夫爲祖父母適孫爲士者

不降正服

傳曰何以期也大夫不敢降其祖與適也（不敢降其祖與適則可降其旁親也）

公妾以及士妾爲其父母（○自公妾及士妾中包孤卿大夫之妾）

降服

傳曰何以期也妾不得體君得爲其父母遂也然則女君有以尊降其父母者與春秋之義雖爲天王后猶曰吾季姜是言子尊不加於父母此傳似誤矣禮妾從女君而服其黨服是嫌不自服其父母故以明之

疏衰裳齊牡麻絰無受者無受者服是服而除不以輕服受之不著月數者天子諸侯葬異月也小記曰齊衰三月與大功同者繩屨○凡受服皆因葬練祥乃行此至葬後卽除故無變服之理雖不言月數大夫士三月葬故以三月爲主

寄公爲所寓寓亦寄也爲所寄之國君服

傳曰寄公者何也失地之君也何以爲所寓服齊衰三月也言與民同也諸侯五月而葬而服齊衰三月者三月而藏其服至葬又更服之既葬而除之

丈夫婦人爲宗子宗子之母妻 婦人女子子在室及嫁歸宗者也宗子繼別之後百世不遷所謂大宗也

傳曰何以服齊衰三月也尊祖也尊祖故敬宗敬宗者尊祖之義也宗子之母在則不爲宗子之妻服也 ○喪服小記云別子爲祖繼別爲大宗別子謂始有家者也國君太子嗣爲國君其次子卽是別子如魯桓公太子同既爲君次子慶父叔牙季友等爲別子後皆各爲其家之祖其世世嫡長是謂大宗也故曰敬宗者尊祖之義也疏云必爲宗子母妻服者以宗子燕食族人於堂其母妻亦燕食族人之婦於房皆序以昭穆故族人爲之服也宗子母在則不爲宗子之妻服者疏以爲宗子母在則其妻不得與祭燕食族人故不爲服必待其母七十以上宗子妻得與祭乃爲之服也顧炎武云家無二主也

爲舊君君之母妻

傳曰：為舊君者，孰謂也？仕焉而已者也。何以服齊衰三月也？言與民同也。君之母、妻，則小君也。仕焉而已者，謂老若有廢疾而致仕者也。為小君服者，恩深於民。

庶人為國君。不言民而言庶人，庶人或有在官者。天子畿內之民，服天子亦如之。

大夫在外，其妻、長子為舊國君。在外，待放已去者。○疏云：大夫在外，不言為舊君服與不服者，案雜記云：違諸侯之大夫，不反服；違大夫之諸侯，不反服。以其尊卑不敵，若然，其君尊卑敵，乃反服舊君服。

傳曰：何以服齊衰三月也？妻言與民同也，長子言未去也。妻雖從夫而出，古者大夫不外娶，婦人歸宗，往來猶民也。春秋傳曰：大夫越境逆女，非禮。君臣有合離之義，長子去，可以無服。

繼父不同居者。嘗同居，今不同。

曾祖父母

傳曰何以齊衰三月也小功者兄弟之服也不敢以兄弟之服服至尊也正言小功者服之數盡於五則高祖宜緦麻曾祖宜小功也據祖期則曾祖大功高祖宜小功也高祖曾祖皆有小功之差則曾孫玄孫爲之服同也重其衰麻尊尊也減其日月恩殺也

大夫爲宗子

傳曰何以服齊衰三月也大夫不敢降其宗也

舊君大夫待放未去者

傳曰大夫爲舊君何以服齊衰三月也大夫去君埽其宗廟故服齊衰三月也言與民同也何大夫之謂乎言其以道去

君而猶未絕也以道去君謂三諫不從待放於郊未絕者言爵祿尚有列於朝出入有詔於國妻子自若民也。○此章言爲舊君者三。爲舊君及其母妻。此昔仕今已在其故國者也。大夫在外。此其身已去。其子尚在本國者也。此言舊君。則大夫去而未絕。孟子所謂三有禮者也。埽其宗廟。謂使宗族爲之祭祀。爵祿有列。謂舊位仍在。出入有詔於國。疏以爲兄弟宗族猶存。吉凶書信相告不絕。

曾祖父母爲士者如衆人

傳曰何以齊衰三月也大夫不敢降其祖也○按此上三節。並承大夫爲三字。

女子子嫁者未嫁者爲曾祖父母

傳曰嫁者其嫁於大夫者也未嫁者其成人而未嫁者也何

儀禮鄭注句讀　喪服第十一　七

以服齊衰三月不敢降其祖也。言嫁於大夫者，明雖尊猶不降也。成人謂年二十已笄醴者也。此者不降，明有所降。

大功布衰裳牡麻絰無受者。大功布者，其鍛治之功麤沽之。○此降服大功。疏云：降服大功衰七升，冠十升。功謂人功，用灰鍛治。大功者用功麤，小功者用功細。

子女子子之長殤中殤。殤者，男女未冠笄而死，可哀殤者。女子子許嫁不爲殤也。○疏云：兄弟之子亦同此。

傳曰：何以大功也？未成人也。何以無受也？喪成人者其文縟，喪未成人者其文不縟，故殤之經不樛垂，蓋未成人也。年十九至十六爲長殤，十五至十二爲中殤，十一至八歲爲下殤。

樛从石經原刻从手作摎東也

殤九條皆降服

不滿八歲以下皆爲無服之殤無服之殤以日易月以日易月之殤殤而無服故子生三月則父名之死則哭之未名則不哭也縟猶數也其文數者謂變除之節也不樛垂者不絞其帶之垂者雜記曰大功以上散帶以日易月謂生一月者哭之一日也殤而無服者哭之而已爲昆弟之子女子子亦如之凡言子者可以兼男女又云女子子者殊之以子關適庶也○凡喪至小斂大功以上皆散其麻帶之垂者至成服乃絞之小功以下初即絞之此殤大功亦于小斂服麻散垂至成服亦不絞以其未成人也○縟音辱樛居糾反

叔父之長殤中殤○姑姊妹之長殤中殤○昆弟之長殤中殤○夫之昆弟之子女子子之長殤中殤○適孫之長殤中殤○大夫之庶子爲適昆弟之長殤中殤○公爲適子之長殤中殤

○大夫爲適子之長殤中殤。公君也。諸侯大夫不降適殤者，重適也。天子亦如之。○自叔父至適昆弟，皆是成人齊衰期；公與大夫之適子，皆是成人斬衰。以其殤並入大功。

其長殤皆九月纓絰，其中殤七月不纓絰。絰有纓者，爲其重也。自大功已上絰有纓，以一條繩爲之；小功已下絰無纓也。

大功布衰裳，牡麻絰纓，布帶，三月；受以小功衰，即葛，九月者。受猶承也。凡天子諸侯卿大夫既虞，士卒哭，而受服。正言三月者，天子諸侯無大功，主於大夫士也。此雖有君爲姑姊妹女子子嫁於國君者，非內喪也。○非內喪則彼國自於五月葬後受服，此自以三月受服，同於大夫士也。

傳曰：大功布九升，小功布十一升。此受之下也。以發傳者，明受盡於此也。又受麻絰以葛絰。間傳曰：大功之葛與小功之麻同。○大功有降有正有義。降則衰七升，冠十升；正則衰八升，冠亦十升；義則衰九升冠十一升。卒哭後。各以其冠爲受。或受十升。或受十一升。受十升者。降小功之布。受十一升者。正小功之布也。今傳曰。大功布九升。小功布十一升。據義服大功而言。故註云受之下也。自此而下。小功葬後。唯有變麻卽葛。因故衰。更無受服之法。故又云明受盡於此也。受麻經以葛經。解經文卽葛。引間傳者。以証大功葛經大小之制也。

姑姊妹女子子適人者。

傳曰。何以大功也。出也。出必降之者。蓋有受我而厚之者。○此等並是本期。今降大功。以其夫自爲之禫杖期。故於此從薄也。

從父昆弟。世父叔父之子也。其姊妹在室。亦如之。

爲人後者爲其昆弟。

傳曰。何以大功也。爲人後者降其昆弟也。○疏曰。若然。於本宗餘親皆降一等。

庶孫。男女皆是。下殤小功章曰：爲姪庶孫丈夫婦人同。

適婦。適婦，適子之妻。

傳曰：何以大功也？不降其適也。婦言適者，從夫名。

女子子適人者爲衆昆弟。父在則同，父沒乃爲父後者服期也。

姪丈夫婦人報。爲姪男女服同。

傳曰：姪者何也？謂吾姑者，吾謂之姪。○此名對姑生稱。若對世叔，唯得言昆弟之子，不得名姪。

夫之祖父母、世父母、叔父母。

傳曰：何以大功也？從服也。夫之昆弟何以無服也？其夫屬乎言婦人棄姓無常秩，嫁於父行則爲母行，嫁於子行則爲婦行，是嫂亦可謂之母乎，言不可。

父道者妻皆母道也其夫屬乎子道者妻皆婦道也謂弟之妻婦者是嫂亦可謂之母乎故名者人治之大者也可無慎乎。道猶行也謂弟之妻爲婦者卑遠之故謂之婦嫂者尊嚴之稱嫂猶叟也叟老人稱也是爲序男女之別爾若己以母婦之服服兄弟之妻兄弟之妻以舅子之服服己則是亂昭穆之序也治猶理也父母兄弟夫婦之理人倫之大者可不慎乎大傳曰同姓從宗合族屬異姓主名治際會名著而男女有別○婦人與夫之昆弟不相爲服常情所疑故傳於此發之以爲從父之妻可名爲母從子之妻可名爲婦故可相與爲服若弟之妻不可謂之婦兄之妻不可謂之母是路人也路人而復爲之服近於亂矣故推而遠之塞亂源也其謂之嫂謂之婦者立此名以尊嚴之卑遠之爾顧炎武曰外親之同爨猶緦而獨兄弟之妻不爲制服者以其分親而年相亞故聖人嫌之嫌之故遠之而大爲之坊不獨以其名也存其恩於娣姒而斷其義於兄弟聖人之所以處此者精矣

儀禮鄭注句讀　喪服第十一

大夫爲世父母叔父母子昆弟昆弟之子爲士者子謂庶子

傳曰何以大功也尊不同也尊同則得服其親服尊同謂亦爲大夫者

親服期

公之庶昆弟大夫之庶子爲母妻昆弟公之庶昆弟則父卒也大夫之庶子則父在也其或爲母謂妾子也○疏云若云公子是父在今繼兄而言弟又公子父在爲母妻在五服之外今服大功故知父卒也大夫之庶子繼父而言又大夫卒子爲母妻得伸今但大功故知父在也於適妻君大夫自不降其子皆得伸今爲母但大功明妾子自爲己母也

傳曰何以大功也先君餘尊之所厭不得過大功也大夫之庶子則從乎大夫而降也父之所不降子亦不敢降也言從乎大

夫而降則於父卒如國人也昆弟庶昆弟也舊讀昆弟在下其於厭降之義宜蒙此傳也是以上而同之父所不降謂適也○據註及疏此經文昆弟二字舊在傳後鄭君始移在傳前與母妻合文

皆爲其從父昆弟之爲大夫者

皆者言其互相爲服尊同則不相降其爲士者降在小功適子爲之亦如之○疏曰此文承上公之庶昆弟大夫之庶子之下則是二人爲此從父昆弟之爲大夫者以其二人爲父所厭降親今此從父昆弟爲大夫故此二人不降而服大功依本服也愚謂經文皆字謂上文公庶昆弟大夫庶子並然也註以互相爲釋之恐未當註其爲士者從父昆弟之爲士者也適子爲之亦如之明不特大夫之庶子不爲之降也此又依經推言之

爲夫之昆弟之婦人子適人者

婦人子者女子子也不言女子子者因出見恩疏○疏云此謂世叔母爲之服在家期出嫁大功

大夫之妾爲君之庶子

下傳曰何以大功也妾爲君之黨服得與女君同指爲此也妾爲君之長子亦

三年自爲其子期異於女君也士之妾爲君之衆子亦期

女子子嫁者未嫁者爲世父母叔父母姑姊妹舊讀合大夫之妾爲君之庶子女子子嫁者未嫁者言大夫之妾爲此三人之服也

傳曰嫁者其嫁於大夫者也未嫁者成人而未嫁者也何以大功也妾爲君之黨服得與女君同下言爲世父母叔父母姑姊妹者謂妾自服其私親也此不辭即實爲妾遂自服其私親當言其以見之齊衰三月章曰女子子嫁者未嫁者爲曾祖父母經與此同足以見之矣傳所云何以大功也妾爲君之黨服得與女君同文爛在下爾女子子成人者有出道降旁親及將出者明當及時也○愚按舊讀與傳文甚協鄭君必欲破之不知何故且女子未嫁而逆降旁親於義亦自可疑兩存其說可也

大夫大夫之妻大夫之子公之昆弟爲姑姊妹女子子嫁於大夫者○君爲姑姊妹女子子嫁於國君者○疏云大夫大夫之妻若子公之昆弟皆降旁親姑姊妹已下一等大功又以出降當小功但嫁於大夫尊同無尊降直有出降故皆大功也又云大夫妻爲夫之姑姊妹在室及嫁皆小功若不爲大夫妻又降在緦麻今在大功科中者此命婦爲本親姑姊妹己之女子子也又云國君絕期已下今爲尊同故亦不降依嫁服大功

傳曰何以大功也尊同也尊同則得服其親服諸侯之子稱公子公子不得禰先君公子之子稱公孫公孫不得祖諸侯此自卑別於尊者也若公子之子孫有封爲國君者則世世祖是人也不祖公子此自尊別於卑者也是故始封之君不

朱子云始封之君所以不臣諸父昆弟者以始封之君父未嘗臣之故始封之君不敢臣也封君之子所以不臣諸父而臣昆弟者以封君之子所謂諸父者即始封君嘗之昆弟而未嘗臣之者也故始封之君不敢臣也封君之子所謂昆弟者即始封君之子始封君嘗臣之者也故今為始封君[illegible]封君之孫所謂諸父昆弟者即始封君之子所臣之昆弟故其子也故封君之孫盡臣之

正義不臣[illegible]服臣之[illegible]

臣諸父昆弟封君之子不臣諸父而臣昆弟封君之孫盡臣諸父昆弟故君之所爲服子亦不敢不服也君之所不服子亦不敢服也

不得禰不得祖者不得立其廟而祭之也卿大夫以下祭其祖禰則世世祖是人不得祖公子者後世爲君者祖此受封之君不得祀別子也公子若在高祖以下則如其親服後世遷之乃毀其廟爾因國君以尊降其親故終說此義云○疏云諸侯絕旁期大夫降一等今此大功所以亦爲服者各自以其尊同故服之也諸侯之子稱公子已下因尊同遂廣說尊不同之義也諸侯支庶不稱諸侯子變名公子卑遠之也不得禰不得祖者以其廟已有適子爲君者立之支庶不得並立廟故云不得也其後子孫自以此公子公孫爲祖所謂別子也公子之後有封爲諸侯者則其子孫以此始封之君爲祖不以公子爲祖凡此者皆以著尊卑之別也自由也由其位之或卑或尊各自爲別也下言有不臣者有臣者其不臣者則爲之服其臣者則不爲之服也

繐衰裳牡麻絰既葬除之者

傳曰繐衰者何以小功之繐也治其縷如小功而成布四升半細其縷者以恩輕也升數少者以服至尊也凡布細而疏者謂之繐今南陽有鄧繐○疏云傳云小功之繐則帶屨亦同小功可知

諸侯之大夫爲天子

傳曰何以繐衰也諸侯之大夫以時接見乎天子接猶會也諸侯之大夫以時會見於天子而服之則其士庶民不服可知○謂諸侯使大夫來見天子適有天子之喪則其服如此愚意諸侯若來會葬其從行者或亦然

小功布衰裳澡麻帶絰五月者澡者治去莩垢不絶其本也小記曰下殤小功帶澡麻不絶其本屈而反以報之○大功已上經帶有本小功以下斷本此殤小功重於成人小功故帶不絶本與大功同疏曰屈而反以報

馬氏云本皆期服下殤降二等皆小功也

盛氏云以殤大功章枝之子之下殤與爲適子大夫爲適子之下殤皆當在此經不書見之者略可知也

盛氏云殤大功章昆弟之長殤中殤並見此齊衰之殤中從上經文已明至此章又但見長殤而不見中殤緦麻章又或但見下殤而不及中殤故傳發其例於此是大功之殤之第一條也從上者比本服降一等也從下者比本服降二等也大功之殤中從上皆降一等小功唯下殤緦麻也小功之殤皆降爲無服唯長殤緦麻也

之者謂先以一股麻不絕本者爲一條展之爲繩報合也以一頭屈而反鄉上合之乃絞垂又云不言屨者當與下章同吉屨無約也又云此亦無受○莩音敷

殤無正義服

叔父之下殤○適孫之下殤○昆弟之下殤○大夫庶子爲適昆弟之下殤○爲姑姊妹女子子之下殤○爲人後者爲其昆弟從父昆弟之長殤○叔父至女子子八人皆是成人期長殤中殤則大功下殤則小功爲人後者爲其昆弟與凡八人之爲從父昆弟二者本服大功其長殤則小功

其成人服大功者殤降一等故小功也

傳曰問者曰中殤何以不見也大功之殤中從上小功之殤中從下問者據從父昆弟之下殤在緦麻也大功小功皆謂服其成人也大功之殤中從上則齊衰之殤亦中從上也此主謂丈夫之爲殤者服也凡不見者以此求之也○此章有從父昆弟之長殤緦麻章有從父昆弟之下殤唯不

見中殤故發此問成人當服大功者其中殤與長殤同成人當服小功者其中殤與下殤同凡不見於經者皆當以此例求之此男子服殤者之法若婦人爲夫族服殤法又在後緦麻傳也

爲夫之叔父之長殤 不見中殤者中從下也

昆弟之子女子子夫之昆弟之子女子子之下殤 ○此皆成人爲之齊衰期者

爲姪庶孫丈夫婦人之長殤 ○姑爲姪祖爲庶孫皆成人大功

大夫公之昆弟大夫之子爲其昆弟庶子姑姊妹女子子之長殤 大夫爲昆弟之長殤小功謂爲士者若不仕者也以此知爲大夫無殤服也公之昆弟不言庶者此無服無所見也大夫之子不言庶者關適子亦服此殤也云公之昆弟爲庶子之長殤則知公之昆弟猶大夫○疏云此三人爲此大種人成人以

記宗子孤爲殤小功衰三月親以月算如邦人
胡氏依郝敬說牡麻洗治之牡麻不言澡同也

尊降至大功,故長殤小功中亦從上.

大夫之妾爲庶子之長殤. 君之庶子.○疏云,妾爲君之庶子,成人在大功,今長殤在小功.

小功布衰裳牡麻絰卽葛五月者 卽,就也.小功輕,三月變麻,因故衰以就葛絰帶,而五月也.間傳曰,小功之葛,與緦之麻同.舊說小功以下,吉屨無絇也.

從祖祖父母從祖父母報 祖父之昆弟之親.○疏云,從祖祖父母,是曾祖之子,祖之兄弟,從祖父母者,是從祖祖父之子,父之從父昆弟.報者,恩輕,兩相爲服.

從祖昆弟 父之從父昆弟之子.○疏云,此是從祖父之子,己之再從兄弟.

從父姊妹. 父之昆弟之女.○疏云,不言出適與在室,皆小功,以姊旣逆降,宗族亦逆降報之.此說可疑,當通下文孫適人者爲一節,皆爲出適而降小功也.

孫適人者。孫者子之子女孫在室亦大功也。

爲人後者爲其姊妹適人者。不言姑者舉其親者而恩輕者降可知。

爲外祖父母。

傳曰。何以小功也。以尊加也。

從母丈夫婦人報。從母母之姊妹。○疏云云丈夫婦人者馬氏云從母報姊妹之子男女也。

傳曰。何以小功也。以名加也。外親之服皆緦也。外親異姓正服不過緦丈夫婦人姊妹之子男女同。○傳云外親之服皆緦者明小功之爲加重也有母名故加之。

夫之姑姊妹娣姒婦報。夫之姑姊妹不殊在室及嫁者因恩輕畧從降。

傳曰。娣姒婦者。弟長也。何以小功也。以爲相與居室中。則生小功之親焉。娣姒婦者，兄弟之妻相名也。長婦謂穉婦爲娣婦，娣婦謂長婦爲姒婦。○經言婦與夫之姑姊妹相爲服，傳則單言二婦相爲服。然所謂相與居室中者，實兼姑姊娣姒等也。

大夫、大夫之子、公之昆弟，爲從父昆弟、庶孫、姑姊妹、女子子適士者。從父昆弟及庶孫，亦謂爲士者。○從父昆弟、庶孫本大功，此降小功，故註謂爲士者，以尊降也。

大夫之妾爲庶子適人者。君之庶子女子子也。庶女子子在室大功，其嫁於大夫亦大功。○疏云：此適人者，謂適士也。

庶婦。夫將不受重者。

君母之父母、從母。君母，父之適妻也。從母，君母之姊妹。○疏云：此謂妾子爲適母之父母及姊妹。

傳曰：何以小功也？君母在，則不敢不從服；君母不在，則不服。

盧文弨云爲不當有君之二字，石經初刻有之。

不敢不服者恩實輕也

凡庶子爲君母如適子

君子子爲庶母慈己者君子子者大夫及公子之適妻子

傳曰：君子子者，貴人之子也。爲庶母何以小功也？以慈己加也。云君子子者，則父在也，父沒則不服之矣。以慈己加，則君子子亦以士禮爲庶母緦也。內則曰：異爲孺子室於宮中，擇於諸母與可者，必求其寬裕慈惠溫良恭敬慎而寡言者，使爲子師，其次爲慈母，其次爲保母，皆居子室，他人無事不往。又曰：大夫之子有食母。庶母慈己者，此之謂也。其不慈己，則緦可矣。不言師保，慈母居中，服之可知也。國君世子生，卜士之妻、大夫之妾，使食子，三年而出，見於公宮則劬，非慈母也。士之妻自養其子。○加謂於緦麻上加至小功也。註父沒則不服，謂不服其加服，仍爲服緦，以此慈母本庶母也。引內則國君養子之法，註大夫公子之適妻子亦得立三母耳。又言士妻大夫妾，是國君養子於三母之外，又有食子者，不與慈母同類也。國君子於三母無服，士妻自養其子，故註知爲

其可者賤於諸母謂傳姆之屬也

大夫公子之適妻子也。

緦麻三月者。緦麻，布衰裳而麻絰帶也。不言衰絰，略輕服，省文。○疏云：以緦如絲者為衰裳，又以澡治莩垢之麻為絰帶，故曰緦麻。

傳曰：緦者十五升抽其半，有事其縷，無事其布，曰緦。謂之緦者，治其縷，細如絲也。或曰有絲，朝服用布，何衰用絲乎？抽，猶去也。雜記曰：緦冠澡纓。○縷細如朝服，而數則半之，細而疏也。事，鍜治之事。治其縷，不治其布也。澡纓者，以澡治之布為冠纓也。

族曾祖父母。○族祖父母。○族父母。○族昆弟。族曾祖父者，曾祖昆弟之親也。族祖父者，亦高祖之孫，則高祖有服明矣。○疏曰：此即禮記大傳云：四世而緦，服之窮也。名為四緦麻者也。族曾祖父母者，己之曾祖親兄弟也。族祖父母者，己之祖父從父昆弟也。族父母者，己之父從祖昆弟也。族昆弟者，己之三從兄弟也。皆名為族

（批注）敖氏云凡五服布皆以漫言麻但言其麻者以重服者物精故升數稍少而漫底麻猶布亦然大功在後者之上總四升數稍多而漫田猶布小功也緦麻在小功之下故也

（批注）黃氏云族曾祖父者曾祖之兄弟也其子謂族祖父又其子謂族父又其子為族昆弟凡四世以曾祖祖父己本殺之義推之皆當服緦

（批注）段玉裁云：緦者布名，猶大功小功皆布名也。麻，澡麻也。

（批注）敖云：齊衰不言絰，傳大功不言冠布纓，小功不言布帶，緦麻不言衰絰，服俱輕而文從略也。

（批注）爾雅：父之從祖祖父為族曾王父，父之從祖祖母為族曾王母。父之從祖昆弟為族父，父之從祖昆弟之妻為族母。族父之子相謂為族昆弟。

族屬也，骨肉相連屬。又云此四緦麻與己同出高祖，已上至高祖爲四世，旁亦四世，旁四世既有服，於高祖有服明矣。

庶孫之婦。庶孫之中殤。庶孫者成人大功，其殤中從上，此當爲下殤，言中殤者字之誤爾。又諸言中者皆連上下也。○疏曰：庶孫之婦緦者，以其適子之婦大功，庶子之婦小功，適孫之婦小功，庶孫之婦緦，是其差也。

從祖姑姊妹適人者報。從祖父、從祖昆弟之長殤。不見中殤，中從下。○此皆本服小功，以或出適，或長殤，降一等。

外孫。女子子之子。

從父昆弟姪之下殤，夫之叔父之中殤、下殤。言中殤者，中從下。○此皆成人大功，大功中殤從下。婦人服夫族殤法也。

從母之長殤報。○從母成人小功。

庶子爲父後者爲其母。

傳曰：何以緦也？傳曰：與尊者爲一體，不敢服其私親也。然則何以服緦也？有死於宮中者，則爲之三月不舉祭，因是以服緦也。君卒，庶子爲母大功。大夫卒，庶子爲母三年。士雖在，庶子爲母皆如衆人。○註言庶子爲母大功及三年者，皆謂不承後者。若承後，則皆緦。士在，庶子爲母如衆人，謂亦齊衰期也。士卑無厭，故如衆人也。

士爲庶母。

傳曰：何以緦也？以名服也。大夫以上爲庶母無服。

貴臣、貴妾。此謂公士大夫之君也。殊其臣妾貴賤而爲之服。貴臣，室老士也。貴妾，姪娣也。天子諸侯降其臣妾無服。士卑無臣，則士妾又賤，不足殊，有子則爲之緦，無子則已。

傳曰何以緦也以其貴也○愚按大夫以上爲庶母無服而服其貴臣貴妾於義似難强通此殆承上士爲庶母之文言士禮耳其私屬亦可謂之臣妾之有子者即貴者也

乳母 謂養子者有他故賤者待之慈己

傳曰何以緦也以名服也

從祖昆弟之子 族父母爲之服○與其父同曾祖爲其子服緦

曾孫 孫之子

父之姑 歸孫爲祖父之姊妹○爾雅云女子謂昆弟之子爲姪謂姪之子爲歸孫

從母昆弟

傳曰何以緦也以名服也

儀禮鄭注句讀 卷十一 喪服第十一

甥 姊妹之子

傳曰：甥者何也？謂吾舅者吾謂之甥。何以緦也？報之也。○甥既服舅以緦，舅亦報甥以緦也。

壻 女子子之夫也。

傳曰：何以緦？報之也。○壻既從妻而服妻之父母，妻之父母遂報之服。

妻之父母

傳曰：何以緦？從服也。從於妻而服之。

姑之子 外兄弟也。

傳曰：何以緦？報之也。○姑之子既爲舅之子服，舅之子亦爲姑之子服也。

舅母之兄弟。

傳曰何以緦從服也。從於母而服之。

舅之子。內兄弟也。

傳曰何以緦從服也。從服者亦從於母而服之。

夫之姑姊妹之長殤。婦人爲夫之姑姊妹成人小功。

夫之諸祖父母報。諸祖父母者夫之所爲小功從祖祖父母外祖父母或曰曾祖父母曾祖於曾孫之婦無服而云報乎曾祖父母正服小功妻從服緦。或以諸祖爲有曾祖故鄭破其非。

君母之昆弟。

傳曰何以緦從服也。從於君母而服緦也君母在則不敢不服君母卒則不服也。

從父昆弟之子之長殤。昆弟之孫之長殤。爲夫之從父昆弟之妻。○二長殤本服皆小功。夫之從父昆弟之妻。同堂娣姒也。降於親娣姒。

傳曰。何以緦也。以爲相與同室。則生緦之親焉。長殤中殤降一等。下殤降二等。齊衰之殤中從上。大功之殤中從下。同室者不如居室之親也。齊衰大功。皆明其成人也。大功之殤中從下。則小功之殤亦中從下也。此主謂妻爲夫之親服也。凡不見者。以此求之。

記

公子爲其母練冠麻。麻衣縓緣。爲其妻縓冠葛絰帶。麻衣縓緣。皆既葬除之。公子。君之庶子也。其或爲母。謂妾子也。麻者。緦麻之絰帶也。此麻衣者。如小功布深衣。爲不制衰裳變也詩云麻衣如雪縓淺絳也一染謂之縓練冠而麻衣縓緣三年練之受飾也檀弓曰練練衣黃裏縓緣諸侯之妾子厭於父爲母不得伸權爲制此服不奪其恩也爲妻縓冠葛絰帶妻輕

傳曰何以不在五服之中也君之所不服子亦不敢服也君之所爲服子亦不敢不服也 君之所不服謂妾與庶婦也君之所爲服謂夫人與適婦也諸侯之妾貴者視卿賤者視大夫皆三月而葬

大夫公之昆弟大夫之子於兄弟降一等 兄弟猶言族親也凡不見者以此求之也

爲人後者於兄弟降一等報於所爲後之兄弟之子若子 言報者嫌其爲宗子不降○註所謂宗子指爲人後者恐人疑人繼大宗主宗事本親不爲降服故云報明兩相爲服皆降也

兄弟皆在他邦加一等不及知父母與兄弟居加一等 皆在他邦謂行

加一等無服者便恩[illegible]小功大功以上[illegible]
功恩其實相殺也
父母早卒婦居家居猶不在他邦
[illegible]不[illegible]齊衰[illegible]
大功以上服本重無可再加

正義大傳曰五世袒免殺同姓也今
為朋友而袒免比於同宗五世之
親是加服也

在國相為弔服麻絰帶而已
環絰一股弁絰兩股為[illegible]

仕出遊若辟仇不及知父母父母早卒

傳曰何如則可謂之兄弟傳曰小功以下為兄弟於此發兄弟傳者嫌大功已上又加也大功已上若皆在他國則親自親矣若不及知父母則固同財矣○所為加服者小功以下兄弟也若大功以上恩自隆重不容再加

朋友皆在他邦袒免歸則已謂服無親者當為之主每至袒時則袒袒則去冠代之以免舊說云以為免象冠廣一寸已猶止也歸有主則止也主若幼少則未止小記曰大功者主人之喪有三年者則必為之再祭朋友虞祔而已○袒時謂小斂訖正主人袒而括髮之時朋友在外無主則為之袒而以免代冠小記所言旁人主喪之法大功之親必為之練祭祥祭乃已朋友則虞祔而已

朋友麻朋友雖無親有同道之恩相為服緦之絰帶檀弓曰羣居則絰出則否其服弔服也周禮曰凡弔當事則弁絰

弁經者如爵弁而素加環經也其服有三錫衰也緦麻也疑衰也王爲三公六卿錫衰爲諸侯緦衰爲大夫士疑衰諸侯及卿大夫亦以錫衰爲弔服當事則弁經否則皮弁辟天子也士以緦衰爲喪服其弔服則疑衰也舊說以爲士弔服布上素下或曰素委貌冠加朝服論語曰羔裘玄冠不以弔何朝服之有乎然則二者皆有似也此實疑衰也其弁經皮弁之時則如卿大夫然又改其裳以素辟諸侯也朋友之相爲服卽士弔服疑衰素裳庶人不爵弁則其弔服素冠委貌○麻者謂服如弔服而加緦之經帶緦服蓋以澡麻爲首經要帶引周禮者見天子以下各有弔服士之弔服則疑衰其或弁經或皮弁如卿大夫而改其裳也疑者擬也擬於吉也吉服十五升而此服用十四升是近於吉朋友之服卽此服而加麻也周禮司服凡弔事弁經服此經註引之作凡弔當事則弁經誤

當事則弁經者諸侯卿大夫也當正之

君之所爲兄弟服室老降一等公士大夫之君○公卿大夫對其室老亦有君稱其爲兄弟服已降一等室老從之而服又降一等

夫之所爲兄弟服妻降一等。○唯夫之昆弟之子不降。

庶子爲後者爲其外祖父母從母舅無服不爲後如邦人。○若不爲後亦如邦人爲母黨服也。

宗子孤爲殤大功衰小功衰皆三月親則月算如邦人。言孤有不孤者。不孤則族人不爲殤服服之也不孤謂父有廢疾若年七十而老子代主宗事者也孤爲殤長殤中殤大功衰下殤小功衰皆如殤服而三月謂與宗子絶屬者也親謂在五屬之內算數也月數如邦人者與宗子有期之親者成人服之齊衰期長殤大功衰九月中殤大功衰七月下殤小功衰五月有大功之親者成人服之齊衰三月卒哭受以大功衰九月其長殤中殤大功衰五月下殤小功衰三月有小功之親者成人服之齊衰三月卒哭受以小功衰五月其殤與絶屬者同有緦麻之親者成人及殤皆與絶屬者同。○緦麻之親與絶屬者同謂成人則齊衰三月殤則如記所言也。

改葬緦。謂墳墓以他故崩壞將亡失尸柩者也改葬者明棺物毁敗改設之如葬時也其奠如大斂從廟之廟從墓之墓禮宜同也服緦者臣爲君也子爲父也妻爲夫也必服緦者親見尸柩不可以無服緦三月而除之

童子唯當室緦。童子未冠之稱也當室者爲父後承家事者爲家主與族人爲禮於有親者雖恩不至不可以無服也

傳曰不當室則無緦服也。

凡妾爲私兄弟如邦人。嫌厭降之也私兄弟目其族親也女君有以尊降其兄弟者謂士之女爲大夫妻與大夫之女爲諸侯夫人諸侯之女爲天王后者父卒昆弟之爲父後者宗子亦不敢降也○疏云妾言凡者總天子以下至士故凡以該之也妾爲私親疑爲君與女君所厭降實則不厭故服同邦人常法謂如女子適人者之服也

大夫弔於命婦錫衰命婦弔於大夫亦錫衰。弔於命婦命婦死也弔於大夫大夫

死也小記曰諸侯弔必皮弁錫衰服問曰公爲卿大夫錫衰以居出亦如之當事則弁絰大夫相爲亦然爲其妻往則服之出則否

傳曰錫者何也麻之有錫者也錫者十五升抽其半無事其縷有事其布曰錫謂之錫者治其布使之滑易也錫者不治其縷哀在內也緦者不治其布哀在外也君及卿大夫弔士唯當事皮弁錫衰而已士之相弔則如朋友服疑衰素裳凡婦人相弔吉笄無首素緫

女子子適人者爲其父母婦爲舅姑惡笄有首以髽卒哭子折笄首以笄布緫言以髽則髽有著笄者明矣○疏云正服齊衰冠八升則正齊衰緫亦八升長八寸此卒哭後宜從大功十升之布緫也

傳曰笄有首者惡笄之有首也惡笄者櫛笄也折笄首者折

吉笄之首也吉笄者象笄也何以言子折笄首而不言婦終之也櫛笄者以櫛之木爲笄或曰榛笄有首者若今時刻鏤摘頭矣卒哭而喪之大事畢女子子可以歸於夫家而著吉笄折其首者爲其大飾也吉笄尊變其尊者婦人之義也據在夫家宜言婦終之者終子道於父母之恩○按傳言終之者因記本以女子子與婦並言惡笄有首以髽下單言子折笄首布總而不言婦當如何故解之曰終之也謂當以惡笄終期也註云據在夫家宜言婦仍指女子子而言誤會傳文又疏云出適女子與在家婦俱著惡笄以女子子外成既以哀殺事人故獨折笄首耳此卽傳文正解下文則不免曲狥鄭註矣○櫛恥一反鏤音陋摘他狄反

妾爲女君君之長子惡笄有首布總

凡衰外削幅裳內削幅幅三袧削猶殺也大古冠布衣布先知爲上外殺其幅以便體也後知爲下內殺其幅稍有飾也後世聖人易之以此爲喪服袧者謂辟兩側空中央也祭服朝服辟積無數凡裳前三幅後四幅也

○疏云自此已下盡袪尺二寸記衰裳之制用布多少尺寸之數也云凡者總五服而言云衰外削幅者謂縫之邊幅向外裳內削幅者亦謂縫之邊幅向內云幅三袧者據裳而言爲裳之法前三幅後四幅幅皆三辟攝之又云七幅布幅二尺二寸兩畔各去一寸爲削幅共十四尺故須辟積要中也○袧音鉤

若齊裳內衰外 齊緝也凡五服之衰一斬四緝緝裳者內展之緝衰者外展之○上言五服衰裳之縫斬衰裳亦在其中此言衰裳之下用針功緝之者斬衰裳不緝故言若以別之

負廣出於適寸 負在背上者也適辟領也負出於辟領外旁一寸○疏曰以一方布置於背上上畔縫著領下畔垂放之以在背上故有負名適辟領卽下文適也出於辟領外旁一寸總尺八寸也

適博四寸出於衰 博廣也辟領廣四寸則與闊中八寸也兩之爲尺六寸也出於衰者旁出衰不著寸數者可知也○適以在兩肩者而言則四寸並闊中共八寸兩之則爲尺六寸上文負廣出適旁各一寸故疏以爲總尺八寸也衰

在胷前出於衰者以兩肩辟領向前望衰之外也疏云衰廣四寸辟領横廣總尺六寸除中央四寸當衰兩旁各出衰六寸也

衰長六寸博四寸廣袤當心也前有衰後有負板左右有辟領孝子哀戚無所不在○綴於外衿之上故得廣長當心

衣帶下尺衣帶下尺者要也廣尺足以掩裳上際也○此謂帶衣之帶非大帶革帶類也用布高一尺上綴衣身遶要前後據疏衣帶言其物下尺者向下量之一尺言其度也今則目之曰帶下尺矣

衽二尺有五寸衽所以掩裳際也二尺五寸與有司紳齊也上正一尺燕尾二尺五寸凡用布三尺五寸○疏云取布三尺五寸廣一幅留上一尺為正不破一尺之下從一畔旁入六寸乃向下邪向下一畔一尺五寸去下畔亦六寸横斷之留下一尺為正如是則用布三尺五寸得兩條衽衽各二尺五寸然後兩旁皆綴於衣垂之向下掩裳際此謂男子之服婦人則無

袂屬幅。屬猶連也。連幅謂不削。○疏云。屬幅者。謂整幅二尺二寸。不削去其邊。取其與衣縱橫皆二尺二寸。正方也。

衣二尺有二寸。此謂袂中也。言衣者。明與身參齊。二尺二寸。其袖足以容中人之肱也。衣自領至要二尺二寸。倍之。四尺四寸。加闊中八寸。而又倍之。凡衣用布一丈四寸。○二尺二寸。據衣身之長而言。鄭註則總計用布多少之數也。其云加闊中八寸而又倍之者。卽別用布一尺六寸。以爲領者也。

袪尺二寸。袪袖口也。尺二寸。足以容中人之併兩手也。吉時拱尚左手。喪時拱尚右手。

衰三升。三升有半。其冠六升。以其冠爲受。受冠七升。衰斬衰也。或曰三升半者。義服也。其冠六升。齊衰之下也。斬衰正服。變而受之此服也。三升。三升半。其受冠皆同。以服至尊。宜少差也。○疏云。自此至篇末。皆論衰冠升數多少也。以其冠爲受。謂至虞時服三升三升半之衰者。改用六升之布爲衰。如其初喪之冠也。受冠七升者。既以六升布爲衰。卽亦更以七升布爲冠也。註其冠六升齊衰之下者。疏云。齊服降服四升。正服五升。義服六升。以其六升是義服。故云下也。

齊衰四升其冠七升以其冠爲受受冠八升言受以大功之上也此謂爲母服也齊衰正服五升其冠八升義服六升其冠九升亦以其冠爲受凡不著之者服之首主於父母○疏云此據父卒爲母齊衰三年而言註受以大功之上以降服大功衰七升也

繐衰四升有半其冠八升此諸侯之大夫爲天子繐衰也服在小功之上者欲著其縷之精麤也升數在齊衰之中者不敢以兄弟之服服至尊也

大功八升若九升小功十升若十一升此以小功受大功之差也不言七升者主於受服欲其文相值言服降而在大功者衰七升正服衰八升其冠皆十升義服九升其冠十一升亦皆以其冠爲受也斬衰受之以下大功受之以正者重者輕之輕者從禮聖人之意然也其降而在小功者衰十升正服衰十一升義服衰十二升皆以即

儀禮鄭註句讀 喪服第十一

葛及緦麻無受也此大功不言受者其章既著之

間傳　斬衰三升齊衰四升五升六升大功七升八升九升小功十升十一升十二升緦麻十五升去其半　有事其縷無事其布曰緦　斬衰三升既虞卒哭受以成布六升冠七升　為母疏衰四升受以成布七升冠八升去麻服葛

儀禮　　鄭氏註　　濟陽張爾岐句讀

士喪禮第十二

鄭目錄云士喪其父母自始死至於既殯之禮喪於五禮屬凶大戴第四小戴第八別錄第十二○疏云鄭直云士喪父母不言妻與長子二者亦依士禮

士喪禮死於適室幠用斂衾適室正寢之室也疾者齊故于正寢焉疾時處北牖下死而遷之南牖下有牀衽幠覆也斂衾大斂所并用之衾衾被也小斂之衾當陳喪大記曰始死遷尸于牀幠用斂衾去死衣○疾者齊以正性情故必於正寢若卽安燕寢與側室者是不得其正君大夫士皆小斂一衾大斂二衾始死大斂未至故且以其一覆尸至大斂則一以爲薦一以爲覆故註云大斂所并用之衾也不用小斂衾者以小斂時近其衾當陳故不用死衣病時所加新衣也○幠火吳反斂力豔反

復者一人以爵弁服簪裳于衣左何之扱領于帶復者有司招魂復魄也天子則夏采祭僕之屬諸侯則小臣爲之爵弁服純衣纁裳也禮以冠名服簪連也○復者招䰟

使反檀弓所謂孝子盡愛之道有禱祀之心焉者是也復者人數多少各如其命之數士一命故一人簪裳于衣連綴其裳于衣之下也扱領于帶者平疊衣裳使領與帶齊并何於左臂以便升屋也夏采祭僕周禮二官名掌復事者但用純衣纁裳不用爵弁而云爵弁服是以冠名其服也○簪側林反純側其反

升自前東榮中屋北面招以衣曰皋某復三

降衣于前

北面招求諸幽之義也皋長聲也某死者之名也復反也降衣下之也喪大記曰凡復男子稱名婦人稱字○榮屋翼也復聲必三者禮成于三前謂前檐○中如字

受用篋升自阼階以衣尸

受者受之於庭也復者其一人招則受衣亦一人也人君則司服受之衣尸者覆之若得魂反之○此復衣以覆尸浴則去之不以襲斂○衣於既反

復者降自後西榮

不由前降不以虛反也降因徹西北厞若云此室凶不可居然也自是行死事○註言徹西北厞蓋以喪大記云將沐甸人取所徹廟之西北厞薪用之故云復者降時徹之其爲說近誣

○厞扶味反

右復覔復者猶冀其生復而不生始行死事

楔齒用角柶爲將含恐其口閉急也○楔息結反綴足用燕几綴猶拘也爲將屨恐其辟戾也今文綴爲對○案記云綴足用燕几校在南御者坐持之註云校脛也尸南首几脛在南以拘足則不得辟戾矣是几兩頭有脛側立此几並排兩足於兩脛之間以夾持之也○綴丁劣反奠脯醢醴酒升自阼階奠于尸東鬼神無象設奠以憑依之○案檀弓曾子曰始死之奠其餘閣也與餘閣者閣中之餘食也疏以爲無過一豆一籩醴酒亦科用其一帷堂事小訖也○案檀弓曾子曰尸未設飾故帷堂小斂而徹帷以此時尚未襲斂暫帷堂以爲褻故鄭云事小訖

右事死之初事喪禮凡二大端一以奉體魄一以事精神楔齒綴足奉體魄之始奠脯醢事精神之始也

正義是時遷尸于牀在室中牖下牀東尸之東也

姜氏兆錫云喪大記唯哭先復復而後行死事哭最先而哭位定於此時者蓋將死時主人啼婦人哭乃創鉅痛深心膽摧裂不待敎令者

乃赴于君主人西階東南面命赴者拜送赴告也臣君之股肱耳目死當有恩○大夫以上父兄命赴者士則主人親命有賓則拜之賓僚友羣士也其位猶朝夕哭矣○因命赴遂拜賓不然則不出疏曰云其位猶朝夕哭矣者謂賓弔位猶如賓朝夕哭位其主人之位則異於朝夕而在西階東南面拜之拜訖西階下東面下經所云拜大夫之位是也朝夕哭位詳見後

右使人赴君

入坐于牀東衆主人在其後西面婦人俠牀東面衆主人庶昆弟也婦人謂妻妾子姓也亦適妻在前○入坐云者承上文出命赴拜賓訖復入此位也○俠古洽反親者在室謂大功以上父兄姑姊妹子姓在此者衆婦人戶外北面衆兄弟堂下北面衆婦人衆兄弟小功以下

右主人以下室中哭位愚案主人哭位唯小斂以前在此小

孔檀弓疏云每踊三度者一節如是者三故云三者三踊踊為踊每一踊三跳三踊九跳也

斂後則在階下矣

君使人弔。徹帷。主人迎于寢門外。見賓不哭。先入門右北面。使人，士也。禮使人必以其爵。使者至，使人入將命，乃出迎之。寢門，內門也。徹帷，扆之事畢則下之。○扆，羌據反。弔者入升自西階東面。主人進中庭。弔者致命。主人不升，賤也。致命曰：君聞子之喪，使某，如何不淑。○疏云：大夫之子，得升受命，乃降拜。主人哭拜稽顙成踊。稽顙，頭觸地。成踊，三者三。賓出。主人拜送于外門外。

右君使人弔

記曰：尸在室，有君命，衆主人不出。

君使人襚。徹帷。主人如初。襚者左執領，右執要，入升致命。襚之言遺也。衣被曰襚。致命曰：君使某襚。○疏曰：云主人如初者，如上弔時迎于寢門外以下之事也。主人拜如初。襚者入衣尸出主人拜送如初○疏曰云主人拜如初者亦如上主人進中庭哭拜稽顙成踊唯君命出升降自西階遂拜賓有大夫則特拜之即位于西階下東面不踊大夫雖不辭入也唯君命出以明大夫以下時來弔襚不出也始喪之日哀戚甚在室故不出拜賓也大夫則特拜別於士旅拜也即位西階下未忍在主人位也不踊但哭拜而已不辭而主人升入明本不爲賓出不成禮也

右君使人襚疏云君襚雖在襲前襲與小斂俱不得用大斂乃用之

親者襚不將命以即陳大功以上有同財之義也不將命不使人將之致於主人也即陳陳在房中

庶兄弟襚使人以將命于室主人拜于位委衣于尸東牀上庶兄

劉台拱云：案鄭知此哭不踊，文據主人者，下文小斂後朋友親襚西階東北面哭踊三。彼小斂後尚踊，與初死之時反，不踊於義不可，故知此哭踊（不）據主人言之。以下多小斂後亦云主人不踊也。賓賵亦不踊，注云阮改之後與在宮同

弟，卽衆兄弟也。變衆言庶，容同姓耳。將命曰：某使某襚。拜于位，室中位也。○委衣者，將命者委之也。**朋友襚，親以進，主人拜，委衣如初，退，哭不踊。**親以進，親之恩也。退，下堂反賓位也。主人徒哭不踊，別於君襚也。○委衣如初，如其子尸東牀上。委之者，朋友也。**徹衣者執衣如襚以適房。**凡於襚者出，有司徹衣。○疏曰：執衣如襚者，上文君襚之時，襚者左執領，右執要，此徹衣者，亦左執領，右執要，故云如襚也。

右親者庶兄弟朋友襚

爲銘，各以其物。亡則以緇長半幅，赬末長終幅，廣三寸。書銘于末曰：某氏某之柩。銘，明旌也。雜帛爲物，大夫之所建也。以死者爲不可別，故以其旗識識之。愛之斯錄之矣。亡，無也。無旗，不命之士也。半幅，一尺。終幅，二尺。在棺爲柩。今文銘爲旆也。○赬，丑貞反　**竹杠長三尺，置于宇西階上。**杠，銘橦也。宇，梠也。○宇，檐下也。疏云：此始造銘，且置宇下西階上，待爲重。訖，置于重。卒塗殯，置于肂。○橦

丈江反

右爲銘

甸人掘坎于階間少西爲垼于西牆下東鄉甸人有司主田野者垼塊竈西牆中庭之西今文鄉爲面○坎以埋沐浴餘潘及巾柶等塊竈以煑潘水○掘其物反垼音役鄉許亮反新盆槃瓶廢敦重鬲皆濯造于西階下新此瓦器五種者重死事盆以盛水槃承湅濯瓶以汲水也廢敦敦無足者所以盛米也重鬲鬲將縣於重者也濯滌溉也造至也猶饌也以造言之喪事遽○槃承湅濯置尸牀下承之○敦音對重直容反鬲音歷造七到反

右沐浴含飯之具陳於階下者

陳襲事于房中西領南上不綪襲事謂衣服也綪讀爲絣屈也襲事少上陳而下不屈江沔之

間謂縈收繩索爲綪古文綪皆爲精○不綪者以衣裳少單行列去可盡不須屈轉重列也○綪註作綪側庚反**明衣裳用布**所以親身爲圭潔也**鬠笄用桑長四寸纋中**桑之爲言喪也用爲笄取其名也長四寸不冠故也纋笄之中央以安髮○鬠髻也會聚其髮也纋中者兩頭闊中央狹則於髮安也○鬠音膾纋音憂**布巾環幅不鑿**環幅廣袤等也不鑿者士之子親含反其巾而已大夫以上賓爲之含當口鑿之嫌有惡古文環作還○布巾爲飯含而設所以覆死者面○廣古曠反袤音茂**掩練帛廣終幅長五尺析其末**掩裹首也析其末爲將結於頤下又還結於項中**瑱用白纊**瑱充耳纊新綿○瑱他見反**幎目用緇方尺二寸赬裏著組繫**幎目覆面者也幎讀若詩曰葛藟縈之之縈赬赤也著充之以絮也組繫爲可結也○四角有繫於後結之○幎音縈**握手用玄纁裏長尺二寸廣五寸牢中旁寸著組繫**牢讀爲樓樓謂削約握之中央以安手也今文樓爲纋旁爲方○牢中旁寸者削約其中一段之兩旁各一寸兩頭

皆廣五寸中央容四指處廣三寸也○牢音樓**決用正王棘若檡棘組繫纊極二**決猶闓也挾弓以橫執弦詩云決拾既佽正善也王棘與檡棘善理堅刃者皆可以為決極猶放弦也以沓指放弦令不挈指也生者以朱韋為之而三死用纊又二明不用也古文王為三今文檡為澤世俗謂王棘矺鼠○決著于右手巨指極冒於食指中指無名指皆射所用具備之以象生平組繫極之繫也○檡音澤矺音託**冒緇質長與手齊䞓殺掩足**冒韜尸者制如直囊上曰質下曰殺質正也其用之先以殺韜足而上後以質韜首而下齊手上玄下纁象天地也喪大記曰君錦冒黼殺綴旁七大夫玄冒黼殺綴旁五士緇冒䞓殺綴旁三凡冒質長與手齊殺三尺○綴旁者綴質與殺相接之處使相連也○冒亡報反殺所界反**爵弁服純衣**謂生時爵弁所衣之服也純衣者纁裳古者以冠名服死者不冠○爵弁服即士之常服以助祭者也○純莊其反**皮弁服**皮弁所衣之服也其服白布衣素裳也○皮弁者於天子為視朝之服諸侯大夫士則為視朔之服也**褖衣**黑衣裳赤緣之謂褖褖之言緣也所以表袍者也喪大記曰衣必有裳袍

必有表不禪謂之一稱古文褖爲緣○疏云此褖衣則玄端又
云連衣裳以其用之以表袍袍連衣裳故也又引雜記子羔襲
用稅衣纁袡曾子曰不襲婦服則此褖衣不用赤緣
註云赤緣之謂褖者只證其名同耳○褖他亂反 **緇帶**黑繒之帶
○疏云上陳三 **韎韐**。一命縕韍○合赤韋爲之故名韎韐亦名
服同用一帶 縕韍三服其設韎韐亦如帶矣○韎音妹
韐古答反縕 **竹笏**。笏所以書思對命者玉藻曰笏天子以璆玉
音溫韍音弗 諸侯以象大夫以魚須文竹士以竹本象可
也又曰笏度二尺有六寸其中博三寸其殺六分而去一又曰
天子搢珽方正於天下也諸侯荼前詘後直讓於天子也大夫
前詘後詘無所不 **夏葛屨冬白屨皆繶緇絇純組綦繫于踵**。冬皮
讓今文笏作忽 皮
屨變言白者明夏時用葛亦白也此皮弁之屨士冠禮曰素積
白屨以魁柎之緇絇繶純純博寸綦屨係也所以拘止屨也綦
讀如馬絆綦之綦○按士冠禮云素積白屨此皮弁之屨也疏
云三服相參帶用玄端屨用皮弁韎韐用爵弁各用其一以當
三服又云繶謂絛在牙底相接之縫中絇在屨鼻純謂緣 **庶襚**
口皆以絛爲之○繶於力反綦音其絇其于反柎方于反

繼陳不用 庶衆也不用不用襲也多陳之爲榮少納之爲貴○庶襚親者庶兄弟朋友所襚繼陳謂繼襲衣之下陳之此不用以襲至小斂則用之唯君襚至大斂乃用也

右陳襲事所用衣物于房中

貝三實于笄 貝水物古者以爲貨江水出焉笄竹器名 稻米一豆實於筐 豆四升 沐巾一浴巾二皆用綌於笄 巾所以拭汙垢浴巾二者上體下體異也綌麤葛○疏云此士禮上下同用綌玉藻云浴用二巾上絺下綌彼據大夫以上 櫛於簞 簞葦笥 浴衣於篋 浴衣已浴所衣之衣以布爲之其制如今通裁○浴衣既浴著之以晞身 皆饌于西序下南上 皆者皆貝以下東西牆謂之序中以南謂之堂

右沐浴飯含之具陳于序下者

管人汲不説繘屈之管人有司主館舍者不説繘將以就祝濯米屈縈也○喪事遽故汲水者不解脫其繘但縈屈之往就用處○繘君必反**祝淅米于堂南面用盆**祝夏祝也淅汏也**管人盡階不升堂受潘煮于垼用重鬲**盡階三等之上喪大記曰管人受沐乃煮之甸人取所徹廟之西北厞薪爨之○潘淅米汁所用以沐者也○潘芳元反**祝盛米于敦奠于貝北**復於筐處也○盛音成**士有冰用夷槃可也**謂夏月而君加賜冰也夷槃承尸之槃喪大記曰君設大槃造冰焉大夫設夷槃造冰焉士併瓦槃無冰設牀襢第有枕○夷槃造冰本大夫禮君加賜有冰則用夷槃可也造猶內也○襢之善反第莊矣反**外御受沐入**外御小臣侍從者沐管人所煮潘也**主人皆出戶外北面**象生平沐浴裸裎子孫不在旁主人出而襢第○襢第去席盝水便也**乃沐櫛挋用巾**挋晞也清也古文挋皆作振○疏云挋謂拭也櫛訖又以巾拭髮拭訖仍未作紒待蚤揃訖乃鬠用組是其次也○挋之愼反揃同翦**浴用巾挋用浴**

衣。用巾用拭之也喪大記曰御者二人浴浴水用盆沃水用枓○枓音主 渜濯棄于坎。沐浴餘潘水巾櫛浴衣亦并棄之古文渜作緣荆沔之間語 蚤揃如他日。蚤讀爲爪斷爪揃鬚也人君則小臣爲之他日平生時○蚤字一讀如云蚤則揃之揃鬚雖本喪大記恐非此處經意○蚤音爪下鬠蚤同揃子前反 鬠用組乃笄設明衣裳。用組組束髮也古文鬠皆爲括○疏云鬠紒乃可設明衣以蔽體是其次也 主人入卽位。已設明衣可以入也

右沐浴

商祝襲祭服褖衣次。商祝祝習商禮者商人敎之以敬於接神宜襲布衣牀上祭服爵弁服皮弁服皆從君助祭之服大蜡有皮弁素服而祭送終之禮也襲衣於牀牀次含牀之東衽如初也喪大記曰含一牀襲一牀遷尸於堂又一牀○此但布衣牀上尚未襲而云襲者衣與衣相襲而布之也其布衣先祭服次褖衣至襲于尸則褖衣近明祭服在外

釋文渜奴亂反濯直孝反

主人出南面左袒扱諸面之右盥于盆上洗貝執以入宰洗柶
建于米執以從俱入戶西鄉也今文宰不言執○扱諸面之右面前也謂袒左袖扱於右腋之下帶之內盆郎
前浙米盆盥手洗貝洗柶弁於其上洗貝執以入洗訖還於笄內執以入宰洗柶建于米亦於廢敦之內建之商祝執
巾從入當牖北面徹枕設巾徹楔受貝奠于尸西當牖北面直尸南也設巾
覆面爲飯之遺落米也如商祝之事位則尸南首明矣○疏曰云受貝者就尸東主人邊受取笄貝從尸南過奠尸西牀上以
待主人親含也主人由足西牀上坐東面不敢從首前也祝受貝米奠之口實不由足也○祝受貝
由尸南奠尸西故主人空手由足過祝又受米奠于貝北宰從立于牀西在右米在
貝北便扱者也宰立牀西在主人之右當佐飯事○祝於宰邊受米訖宰亦從主人由足而西主人左扱米實
于右三實一貝左中亦如之又實米唯盈于右尸口之右唯盈取滿而已○疏云右

謂口東邊也 **主人襲反位** 襲復衣也位在尸東

右飯含

商祝掩瑱設幎目乃屨綦結于跗連絇 掩者先結頤下既瑱幎目乃還結項也跗足上也絇屨飾如刀衣鼻在屨頭上以餘組連之止足坼也○疏云掩有四脚後二腳先結頤下待設瑱塞耳并設幎目乃結項後也連絇者屨繫既結以餘組穿連兩屨之絇使兩足不相離也○跗芳于反 **乃襲三稱** 遷尸於襲上而衣之凡衣死者左衽不紐襲不言設牀又不言遷尸於襲上以其居當牖無大異○三稱爵弁服皮弁服褖衣也上文已布之含東牀上今飯含訖乃遷尸就其上而衣之也左衽不紐出喪大記衽鄉左反生時也不紐謂束畢結之示不復解也○稱尺證反 **明衣不在算** 算數也不在數明衣禪衣不成稱也○註疏皆以明衣禪不成稱故不算愚謂此親體之衣非法服故不算也 **設韐帶搢笏** 韐帶韎韐緇帶不言韎緇者省文亦欲見韐自有帶韐帶用革搢插也插於帶之右旁古文韐

掔說文云手掔也烏貫切，掔固也苦閑切，此當為掔。楊敖毛本俱沿通解之誤作掔，唐石嚴徐集解作掔不誤

爲合也。○疏云，生時緇帶以束衣，革帶以佩韍玉之等，生時有二帶，死亦備此二帶。**設決，麗于掔，自飯持之。設握，乃連掔。**麗施也。掔手後節中也。飯大擘指本也。決以韋爲之籍，有彄，彄內端爲紐，外端有橫帶，設之，以紐環大擘本也。因沓其彄，以橫帶貫紐，結於掔之表也。設握者，以綦繫鉤中指，由手表與決帶之餘連結之。此謂右手也。古文麗亦爲連，掔作捥。○其左手無決者，則下記云設握裏親膚，繫鉤中指，結于掔，是也。○掔烏亂反，彄苦侯反，環音患。**設冒，櫜之，幠用衾。**櫜韜盛物者，取事名焉。衾者，始死時斂衾。今文櫜爲橐。○櫜古刀反。**巾柶、鬊蚤埋于坎。**坎至此，築之也。將襲辟奠，既則反之。○巾柶，用以飯含者。鬊亂髮，蚤手足爪。辟奠，卽始死之奠，設于尸東者。方襲時，辟之，襲訖則反之尸東。此奠襲後又名襲奠。○鬊音舜

右襲尸

重木刊鑿之。甸人置重于中庭，三分庭一，在南。木也。懸物焉曰重。刊，斲治。鑿之，

爲縣簪孔也。士重木長三尺。○設重以依神，以其木有物懸于下，相重累，故得重名，卽下文二鬲粥也。參分庭一在南者，其置重處當中庭三分之一，而在其南，其北一分，其南二分也。據旣夕篇置重如初，疏云，亦如上篇三分庭，一在南，二在北而置之，是置重處在中庭近南。愚謂重以依神，若置之近南，殆若推而遠之矣。且參分庭句，一在南句，亦覺不文。案本經言參分庭一在南者不一，其自外入而言參分庭一在南者，据外而言近南者也；其自內出而言參分庭一在南者，据內而言近北者也。重固自內出者也。

夏祝鬻餘飯，用二鬲于西牆下。夏祝，祝習夏禮者也。夏人敎以忠，其於養宜。鬻餘飯，以飯尸餘米爲鬻也。重主道也。士二鬲，則大夫四，諸侯六，天子八，與簋同差。○上文甸人爲竈西牆下，至此夏祝以飯尸餘米煑爲粥，而盛于鬲。

幂用疏布，久之，繫用靲，縣于重。幂用葦席，北面，左衽，帶用靲，賀之，結于後。久讀爲灸，謂以蓋塞鬲口也。靲，竹䈀也。以席覆重，辟屈而反，兩端交於後，左衽，西端在上。賀，加也。古文冪皆作密。○以粗布爲鬲之冪，塞令堅固可久，以竹䈀爲索，繫鬲貫重木簪孔中而懸之，又以葦席北

向掩重東端爲下，向西，西端爲上，向東。又以竹簭爲帶，加束之而結于後。○軨，圖解軨蔑通，張鳳翔本軨音今，字㯻音琴，簭音蔑

祝取銘置于重。祝習周禮者也。

右設重以上並始死之日所用之禮

厥明，陳衣于房，南領，西上，綪。絞橫三縮一，廣終幅，析其末。綪，屈也。絞，所以收束衣服爲堅急者也，以布爲之。縮，從也。橫者三幅，從者一幅。析其末者，令可結也。喪大記曰：絞一幅爲三。○厥明者，繼昨日而言，死之第二日也。此下爲將小斂陳其衣物奠牲。○從，子容反

緇衾，赬裏，無紞。紞，被識也。斂衣或倒，被無別於前後可也。凡衾制同，皆五幅也。○紞，丁感反

祭服次。爵弁服、皮弁服。散衣次。褖衣以下，袍襺之屬。

凡十有九稱。祭服與散衣。陳衣繼之。庶襚。不必盡用。取稱而已，不務多。○盡，津忍反

右陳小斂衣

劉台拱云案設盆盥在東堂下而乃云西方盥如東方此則東方即東堂下也又下文東方之饌注云此饌但言東方則亦在東堂下也

饌于東堂下脯醢醴酒冪奠用功布實于簞在饌東功布鍛濯灰治之布也凡在東西堂下者南齊坫古文奠爲尊○坫在堂隅設盆盥于饌東有巾爲奠設盥也喪事略故無洗也○爲設奠人設

右饌小斂奠及設東方之盥

苴絰大鬲下本在左要絰小焉散帶垂長三尺牡麻絰右本在上亦散帶垂皆饌于東方苴絰斬衰之絰也苴麻者其貌苴以爲絰服重者尚麤惡絰之言實也鬲搤也中人之手搤圍九寸絰帶之差自此出焉下本在左重服統於內而本陽也要絰小焉五分去一牡麻絰者齊衰以下之絰也牡麻絰者其貌易服輕者宜差好也右本在上服輕本於陰而統於外散帶之垂者男子之道文多變也饌于東方東坫之南苴絰爲上○疏云此小斂絰有散麻帶垂之至三日成服絞之婦人初而絞之與小功以下男子同饌于東方堂上坫南

非堂下也。○扇音革，差初賣反。婦人之帶牡麻結本在房。婦人亦有苴絰，但言帶者，記其異。此齊衰婦人，斬衰婦人亦有苴絰也。

右陳小斂絰帶

牀第夷衾饌于西坫南。第，簀也。夷衾，覆尸之衾。喪大記曰：自小斂以往用夷衾，夷衾質殺之裁猶冒也。○夷衾之制，如作冒者，上以緇爲質，下以赬爲殺，但連而裁之爲不同耳。西方盥如東方。爲舉者設盥也。如東方者，亦用盆布巾饌於西堂下。○舉者，爲將舉尸者。

右陳牀第夷衾及西方之盥

陳一鼎于寢門外當東塾少南西面其實特豚四鬄去蹄兩胉脊肺設扃鼏鼏西末素俎在鼎西西順覆匕東柄。鬄，解也。四解之，殊肩髀而已喪事略去蹄去其甲爲不潔清也胉脅也素俎喪尙質既饌將小斂則辟襲奠今文鬄爲剔胉爲起古文鼏爲密○疏云辟襲奠亦當於室之西南隅如將大斂辟小斂奠於序西南也○鬄他歷反胉音博

右陳鼎實○以上小斂待用衣物計五節

士盥二人以並東面立于西階下立俟舉尸也今文並爲併○舉尸謂從襲牀遷尸於戶內服上布席于戶內下莞上簟有司布斂席也商祝布絞衾散衣祭服祭服不倒美者在中斂者趨方或傎倒衣裳祭服尊不倒之也美善也善衣後布於斂則在中也既後布祭服而又言善者在中明每服非一稱也○按疏云斂衣半在尸上是有藉者有覆者既云十九稱取法天地之終數當以十爲藉九爲覆也其斂法於戶內地上布席席上布絞衾絞衾上布衣遷尸衣上復用衣加尸上乃結絞衾也士舉遷尸反位遷尸於服上設牀第于兩楹之間衽如初有枕衽寢臥之席也亦下莞上簟○此牀

待斂後俠尸袒如初如戶內之莞簟也卒斂徹帷尸已飾主人西面馮尸踊無算主婦東面馮亦如之馮服膺之○馮音憑下同主人髻髮袒衆主人免于房始死將斬衰者雞斯將齊衰者素冠今至小斂變又將初喪服也髻髮者去笄纚而紒衆主人免者齊衰將袒以免代冠冠服之尤尊不以袒也免之制未聞舊說以爲如冠狀廣一寸喪服小記曰斬衰髻髮以麻免而以布此用麻布爲之狀如今之著幓頭矣自項中而前交於額上郤繞紒也于房于室釋髻髮宜於隱者今文免皆作絻古文髻作括○髻音括免音問絻音問婦人髽于室○始死婦人將斬衰者去笄而纚將齊衰者骨笄而纚今言髽者亦去笄纚而紒也齊衰以上至笄猶髽髽之異於髻髮者既去纚而以髮爲大紒如今婦人露紒其象也檀弓曰南宮縚之妻之姑之喪夫子誨之髽曰爾毋縱縱爾爾毋扈扈爾其用麻布亦如著幓頭然○髽側瓜反士舉男女奉尸俠于堂幠用夷衾男女如室位踊無算俠之言尸也夷衾覆尸柩之衾也堂謂楹間牀第上也今文俠作夷○疏云初死幠用大

楊復云小斂主服有二節謂主人主婦馮尸後主人髻髮袒衆主婦人髽于室主人免于房本事此一節也奉尸侇于堂主人拜賓後即位踊襲絰于序東此又一節也

斂之衾以小斂之衾當陳。今小斂後，大斂之衾當擬大斂，故用覆棺之夷衾以覆尸也。○侇音夷 **主人出于足，降自西階，衆主人東即位，婦人阼階上西面，主人拜賓，大夫特拜，士旅之，即位踊，襲絰于序東，復位。** 拜賓，鄉賓位拜之也。即位踊，東方位。襲絰于序東，東夾前。○主人降西階，拜賓訖，嚮東方阼階下即西面位。踊，踊訖，襲絰。主人至此，始即阼階下位也。

右小斂侇尸及主人主婦袒髻免髽襲絰之節

乃奠。 祝與執事爲之。 **舉者盥，右執匕，卻之，左執俎，橫攝之，入阼階前西面錯，錯俎北面。** 舉者盥，出門舉鼎者，右人以右手執匕，左人以左手執俎，因其便也。攝，持也。西面錯，錯鼎於此，宜西面；錯俎北面，俎宜西順之。○錯七故反，下同 **右人左執匕，抽扃予左手，兼執之，取鼏，委于鼎北，加扃，不坐。** 抽扃、取鼏、加扃於鼏上，皆右手。今文扃爲鉉，古文予爲于，鼏爲密。 **乃朼，**

邵晉涵云案用七謂之七猶設尊謂之尊設席謂之席之類是也或作朼者係後人誤改之以别於其為器名者所改之不書故七朼經中當從古文

載。載兩髀于兩端兩肩亞兩胉亞脊肺在於中皆覆進柢執而俟。乃朼以朼次出牲體右人也載受而載於俎左人也亞次也凡七體皆覆爲塵柢本也進本者未異於生也骨有本末古文朼爲匕髀爲脾今文胉爲迫柢皆爲胝○皆覆謂牲體皆覆設之○朼必李反柢丁計反胝音帝夏祝及執事盥執醴先酒脯醢俎從升自阼階丈夫踊甸人徹鼎巾待于阼階下。執事者諸執奠事者巾功布也執者不升已不設祝既錯醴將受之奠于戶東執醴酒北面西上執醴酒者先升尊也立而俟後錯要成也豆錯俎錯于豆東立于俎北西上醴酒錯于豆南祝受巾巾之由足降自西階婦人踊奠者由重南東丈夫踊巾之爲塵也東反其位○立于俎北西上奠豆俎之人也俟祝畢事同由足降自西階疏云主人位在阼階下婦人位在上故奠者升丈夫踊奠者降婦人踊各以所見先後爲踊之節也奠者由重南東丈夫踊者奠者奠訖主人見之更與主人爲踊節也又以其重主道神所憑依故必由重南東過是以主人又踊也 賓出主人拜送于門外 廟門外也○此賓爲小斂來者註云廟卽此適室蓋以鬼神所在則曰廟故名適寢爲廟也

右小斂奠

乃代哭不以官 代更也孝子始有親喪悲哀憔悴禮防其以死傷生使之更哭不絕聲而已人君以官尊卑士賤以親疏爲之三日之後哭無時周禮挈壺氏凡喪縣壺以代哭喪大記君喪縣壺乃官代哭大夫官代哭不縣壺士代哭不以官

此小斂後節哀之事

有襚者則將命擯者出請入告主人待于位 喪禮略於威儀既小斂擯者乃用辭出請之辭曰孤某使某請事 擯者出告須以賓入 須亦待也出告之辭曰孤某須矣 賓入中

庭北面致命主人拜稽顙賓升自西階出于足西面委衣如於室禮降出主人出拜送如於室禮亦委衣尸東牀上也朋友親襚如初儀西階東北面哭踊三降主人不踊○朋友既委衣又還哭於西階上不背主人襚者以褶則必有裳執衣如初徹衣者亦如之升降自西階以東帛爲褶無絮雖複與禪同有裳乃成稱不用表也以東藏以待事也古文褶爲襲○執衣如初謂左執領右執要如君襚時○褶音牒

右小斂後致襚之儀○以上皆親喪第二日禮

宵爲燎于中庭宵夜也燎大燋○按下記云既襲宵爲燎于中庭是未殯前夜皆設燎也○燎力召反厥明滅燎陳衣于房南領西上綪絞紟衾二君襚祭服散衣庶襚凡三十稱紟不在算不必盡用紟單被也衾二者始死斂衾今又復制也小斂衣數自天子達

段玉裁云盛當作神胡氏從之

大斂則異矣。喪大記曰大斂布絞縮者三橫者五。○紟其鴆反

東方之饌兩瓦甒其實醴酒角觶木柶毼豆兩其實葵菹芋蠃醢兩籩無縢布巾其實栗不擇脯四脡

此饌但言東方則亦在東堂下也。毼白也。齊人或名全菹為芋。縢緣也。詩云竹柲緄縢。布巾籩巾也。籩豆具而有巾盛之也。特牲饋食禮有籩巾。今文蠃為蝸。古文縢為甸。○甒亡甫反毼音曷蠃力禾反縢大登反脡大頂反緄古本反

奠席在饌北斂席在其東

大斂奠而有席彌神之。

掘肂見衽

肂埋棺之坎也。掘之於西階上。衽小要也。喪大記曰君殯用輴欑至于上畢塗屋大夫殯以幬欑置于西序塗不暨于棺士殯見衽塗上帷之又曰君蓋用漆三衽三束大夫蓋用漆二衽二束士蓋不用漆二衽二束。○見衽者其所掘坎淺深之節也。衽小要也。所以聯合棺蓋縫者。今謂之銀錠扣。見衽者坎不沒棺其衽見於上。註引喪大記三衽三束謂每一面三處用衽又以皮三處束之也。○肂以二反衽而甚反要一遙反輴喪大記音春欑在官反

棺入主人不哭升棺用軸蓋在下

軸輁

軸也輁狀如牀軸其輪輓而行○軸長六反輁九勇反

熬黍稷各二筐有魚腊饌于西坫南

熬所以惑蚍蜉令不至棺旁也爲舉者設盆盥於西○熬五刀反

陳三鼎于門外北上豚合升魚鱄鮒九腊左胖髀不升其他皆如初

○合升合左右體升於鼎其他皆如初謂豚體及匕俎之陳如小斂時合升四鬄亦相互耳○鱄市轉反鮒音附胖音判

燭俟于饌東

燭燋也饌東方之饌有燭者堂雖明室猶闇火在地曰燎執之曰燭

右陳大斂衣奠及殯具

祝徹盥于門外入升自阼階丈夫踊

祝徹祝與有司當徹小斂之奠者小斂設盥于饌東有巾大斂設盥于門外彌有威儀○祝徹謂祝與徹二事之人疏云陳大斂饌訖當設盥於門外

祝徹巾授執事者以待

授執巾者於尸東使先待於阼階下爲大斂奠又將巾之祝還徹醴也○巾覆小斂奠者也今徹奠故先

徹巾待設大斂奠復用之徹饌先取醴酒北面北面立相待俱降其餘取先設者出于足降自西階婦人踊設于序西南當西榮如設于堂為求神於庭孝子不忍使其親須臾無所馮依也堂謂尸東也凡奠設于序西南者畢事而去之○疏云但將設後奠則徹先奠於西序南後奠事畢則去之醴酒位如初執事豆北南面東上如初者如其醴酒北面西上也執醴尊不為便事變位○醴酒執醴執酒之人執事執豆俎之人立于豆北相待設酒醴訖同東適新饌也乃適饌東方之新饌○執事者適新饌處以待事

右徹小斂奠

帷堂徹事畢○殆為大斂將遷尸故帷之婦人尸西東面主人及親者升自西階出于足西面袒袒大斂變也不言髽免髻髮小斂以來自若矣士盥位如初亦既盥並立西階下

布席如初。亦下莞上簟，鋪於阼階上，於楹間爲少南。商祝布絞紟衾衣，美者在外，君襚不倒。至此乃用君襚，主人先自盡。有大夫則告。後來者則告以方斂，非斂時則當降拜之。○註解有大夫爲後來者，以此日大夫皆爲視斂來，其蚤至者，則升自西階北面視斂，如記所陳也。士舉遷尸，復位。主人踊無算，卒斂，徹帷，主人馮如初，主婦亦如之。疏曰：士舉遷尸，謂從戶外夷牀上遷尸於斂上。

右大斂

主人奉尸斂于棺，踊如初，乃蓋。棺在肂中，斂尸焉，所謂殯也。檀弓曰：殯于客位。主人降拜大夫之後至者，北面視肂。北面於西階東。衆主人復位，婦人東復位。阼階上下之位。設熬，旁一筐，乃塗，踊無算。以木覆棺上而塗之，爲火備。卒塗，祝取銘

置于肂主人復位踊襲爲銘設柎樹之肂東

右殯

乃奠燭升自阼階祝執巾席從設于奧東面執燭者先升堂照室自是不復奠於尸祝執巾與執席者從入爲安神位室中西南隅謂之奧執燭南面巾委於席右祝反降及執事執饌東方之饌士盥舉鼎入西面北上如初載魚左首進鬐三列腊進柢如初如小斂舉鼎執匕俎扃鼏朼載之儀魚左首設而在南鬐脊也左首進鬐亦未異於生也凡未異於生者不致死也古文首爲手鬐爲耆○疏云案公食右首進鬐此云左首則與生異而云亦未異於生者彼公食言右首據席而言此左首據載者而言若設於席則亦右首也○鬐巨之反祝執醴如初酒豆籩俎從升自阼階丈夫踊甸人徹鼎如初祝先升奠由楹內入于室醴酒北面亦如初設豆右

別言揖者寡也蓋拜送於外門外也於主人之送賓也賓之主人皆復外位矣故主人卒拜送賓揖衆主人乃就次

菹。菹南栗。栗東脯。豚當豆。魚次腊。特于俎北。醴酒在籩南。巾如初。右菹菹在醢南也。此左右異於魚者。載者統於執。設者統於席。醴當栗南。酒當脯南。○註載者二句。言方其載俎時。則以執者之左右爲左右。及設於席。則以席之左右爲左右也。既錯。者出。立于戶西。西上。祝後。闔戶。先由楹西。降自西階。婦人踊。奠者由重南。東。丈夫踊。爲神馮依之也。○闔戶臘反

右大斂奠

賓出。婦人踊。主人拜送于門外。入。及兄弟北面哭。殯。兄弟出。主人拜送于門外。小功以下。至此可以歸。異門大功亦存焉。衆主人出門。哭止。皆西面于東方。闔門。○東方門外之東方。闔門。內人闔廟門。主人揖就次。次謂斬衰倚廬齊衰堊室也。大

功有帷帳小功緦麻有牀第可也○揖就次相揖各就其次也○至於各反

右大斂畢送賓送兄弟及出就次之儀

君若有賜焉則視斂既布衣君至賜恩惠也斂大斂君視大斂皮弁服襲裘主人成服之後往則錫衰主人出迎于外門外見馬首不哭還入門右北面及衆主人袒不哭厭於君不敢伸其私恩巫止于廟門外祝代之小臣二人執戈先二人後巫掌招彌以除疾病小臣掌正君之法儀者周禮男巫王弔則與祝前喪祝王弔則與巫前檀弓曰君臨臣喪以巫祝桃茢執戈以惡之所以異於生也皆天子之禮諸侯臨臣之喪則使祝代巫執茢居前下天子也小臣君行則在前後君升則俠阼階北面凡宮有鬼神曰廟君釋采入門主人辟釋采者祝為君禮門神也必禮門神者明君無故不來也禮運曰諸侯非問疾弔喪而入諸臣之家是謂君臣為謔○采七代反君升自阼階西鄉

祝負墉南面主人中庭祝南面房中東鄉君墻謂之墉主人中庭進益北○祝相君之禮故須鄉君君哭主人哭拜稽顙成踊出出不敢必君之卒斂事君命反行事主人復位大斂事君升主人主人西楹東北面命主人使之升升公卿大夫繼主人東上乃斂公大國之孤四命也春秋傳曰吾公在壑谷○繼主人繼主人而西卒公卿大夫逆降復位主人降出逆降者後升者先降位如朝夕哭弔之位○疏云卒者謂卒斂也主人降出者亦是不敢久留君出謂主人出鄉門外立君反主人主人中庭君坐撫當心主人拜稽顙成踊出撫手案之凡馮尸興必踊今文無成君反之復初位衆主人辟于東壁南面以君將降也南面則當坫之東○疏云初位即中庭位○辟婢亦反君降西鄉命主人馮尸主人升自西階由足西面馮尸不當君所踊主婦東面馮亦如之

君必降者，欲孝子盡其情。○不當君所，不當君所撫之處也。奉尸斂于棺，乃蓋。主人降，出。君反之，入門左，視塗。肂在西階上，入門左，由便趨疾，不敢久留君。君升即位，衆主人復位。卒塗，主人出，君命之反奠，入門右。亦復中庭位。○衆主人復位，自東復阼階下位，註亦復中庭位，釋入門右，謂在門右南北當中庭也。乃奠，升自西階。以君在阼。○疏云，凡奠皆升自阼階，爲君在阼，故辟之而升西階也。君要節而踊，主人從踊。節謂執奠始升階，及既奠由重南東時也。卒奠，主人出，哭者止。以君將出，不敢讙囂聒尊者也。君出門，廟中哭，主人不哭，辟，君式之。辟，逡遁辟位也。古者立乘，式，謂小俛以禮主人也。曲禮曰，立視五巂，式視馬尾。○巂，曲禮音攜。貳車畢乘，主人哭，拜送。貳車，副車也。其數各視其命之等。君出，使異姓之士乘之，在後。君弔，蓋乘象輅。曲禮曰，乘君之乘車，不敢曠左，左必式。襲，入即位，衆主人襲，拜大夫之後至者，成踊。後至，布衣而後來者。

〇疏云若未布衣時來即入前卿大夫從君之內。賓出主人拜送自賓出以下如君不在之儀〇謂如前章所陳賓出諸儀。

右君臨視大斂之儀以上皆喪親第三日事

三日成服杖拜君命及衆賓不拜棺中之賜既殯之明日全三日始歠粥矣禮尊者加惠明日必往拜謝之棺中之賜不施己也曲禮曰生與來日〇疏曰引曲禮者彼註云與猶數也生數來日謂成服杖以死明日數也死數往日謂殯斂以死日數也

右成服經云三日除死日數之實則喪之第四日

朝夕哭不辟子卯既殯之後朝夕及哀至乃哭不代哭也子卯桀紂亡日凶事不辟吉事闕焉婦人即位于堂南上哭丈夫即位于門外西面北上外兄弟在其南

南上賓繼之北上門東北面西上門西北面東上西方東面北上主人卽位辟門外兄弟異姓有服者也辟開也凡廟門有事則開無事則閉○疏云此外位丈夫亦哭但文不備婦人拊心不哭方有事止讙囂○疏云方有事謂徹大斂奠設朝奠○拊芳甫反主人拜賓旁三右還入門哭婦人踊先西面拜乃南面拜東面拜也○主人朝自廬中詣殯宮門外卽位哭此時衆賓來弔其拜之如此拜畢乃入門主人堂下直東序西面兄弟皆卽位如外位卿大夫在主人之南諸公門東少進他國之異爵者門西少進敵則先拜他國之賓凡異爵者拜諸其位賓皆卽此位乃哭盡哀止主人乃右還拜之如外位矣兄弟齊衰大功者主人哭則哭小功緦麻亦卽位乃哭上言賓此言卿大夫明其亦賓爾少進前於列異爵卿大夫也他國卿大夫亦前於列尊之拜諸其位就其位特拜○主人入卽堂下之位賓入哭其拜之如此疏云此內位

不言外兄弟以其雖在主人之南少退故卿大夫繼主人而言諸公少進謂進於士此所陳位不言士之屬吏當亦在門右又在賓之後也○直音值　徹者盥于門外燭先入升自阼階丈夫踊徹者徹大斂之宿奠　祝取醴北面取酒立于其東取豆籩俎南面西上祝先出酒豆籩俎序從降自西階婦人踊序次也○疏云祝執醴在先次酒次豆籩次俎爲次第也　設于序西南直西榮醴酒北面西上豆西面錯立于豆北南面籩俎既錯立于執豆之西東上酒錯復位醴錯于西遂先由主人之北適饌遂先者明祝不復位也適饌適新饌將復奠　乃奠醴酒脯醢升丈夫踊入如初設不巾入入於室也如初設者豆先次籩次酒次醴也不巾無菹無栗也菹栗具則有俎有俎乃巾之　錯者出立于戶西西上滅燭出祝闔門先降自西階婦人踊奠者

由重南東丈夫踊賓出婦人踊主人拜送哭止乃奠奠則禮畢矣今文無拜○註哭止乃奠約略朝夕奠之節而言也衆主人出婦人踊出門哭止皆復位闔門主人卒拜送賓揖衆主人乃就次

右朝夕哭奠自第四日至葬前竝用此禮

朔月奠用特豚魚腊陳三鼎如初東方之饌亦如之朔月月朔日也自大夫以上月半又奠如初者謂大斂時無籩有黍稷用瓦敦有蓋當籩位黍稷併於甒北也於是始有黍稷死者之於朔月月半猶平常之朝夕大祥之後則四時祭焉○朝夕之奠有醴酒豆籩而無黍稷至月朔殷奠乃有黍稷如平時常食者以下室又自有燕養之饌故雖不設黍稷而不爲薄也既奠殯宮又饋下室者奠必神之所在故也主人拜賓如朝夕哭卒徹徹宿奠也舉鼎入升皆如初奠之儀卒杝

劉台拱云案執豆者既錯即立於豆北南面待巾乃出如餘人先出立于西門待

釋匕于鼎俎行杝者逆出甸人徹鼎其序醴酒菹醢黍稷俎俎行者俎後執執俎者行鼎可以出其序升入之次其設于室豆錯俎錯腊特黍稷當籩位敦啓會卻諸其南醴酒位如初當籩位俎南黍黍東稷會蓋也今文無敦○疏曰知當籩位俎南黍黍東稷者依特牲所設爲之也○會古外反祝與執豆者巾乃出其爲之也主人要節而踊皆如朝夕哭之儀月半不殷奠殷盛也士月半不復如朔盛奠下尊者有薦新如朔奠薦五穀若時果物新出者徹朔奠先取醴酒其餘取先設者敦啓會面足序出如入啓會徹時不復蓋也面足執之令足間鄉前也敦有足則敦之形如今酒敦其設于外如于室外序西南

右朔月奠及薦新

筮宅冢人營之宅葬居也冢人有司掌墓地兆域者營猶度也詩云經之營之掘四隅外其壤掘中南其壤爲葬將北首故也既朝哭主人皆往兆南北面免經兆域也新營之處免經者求吉不敢純凶○免如字命筮者在主人之右命尊者宜由右出也少儀曰贊幣自左詔辭自右筮者東面抽上韇兼執之南面受命韇藏筴之器也兼與筴執之今文無兼○韇音獨命曰哀子某爲其父某甫筮宅度茲幽宅兆基無有後艱某甫且字也若言山甫孔甫矣宅居也度謀也茲此也基始也言爲其父筮葬居今謀此以爲幽冥居兆域之始得無後將有艱難乎艱難謂有非常若崩壞也孝經曰卜其宅兆而安厝之古文無兆基作期○註某甫且字也且者聊且虛擬之謂以其人無可指故曰某以虛擬之兆基域兆之基址也古文期無有後艱義意自備筮人許諾不述命右還北面指中封而筮卦者在左述循也既受命而申言之曰述不述者士禮略凡筮因會命筮爲述

命中封中央壤也卦者識爻卦畫地者古文述皆作術

卒筮執卦以示命筮者命筮者受視反之東面旅占卒進告于命筮者與主人占之曰從卒筮卦者寫卦示主人乃受而執之旅衆也反與其屬共占之謂掌連山歸藏周易者從猶吉也主人絰哭不踊若不從筮擇如初儀更擇地而筮之歸殯前北面哭不踊易位而哭明非常○疏曰朝夕哭當在阼階下西面今筮宅來北面哭者是易位非常故也

右筮宅兆

既井椁主人西面拜工左還椁反位哭不踊婦人哭于堂既已也匠人爲椁刊治其材以井構於殯門外也反位拜位也既哭之則往施之竁中矣主人還椁亦以既朝哭矣○左還椁循行一週視其良楛也獻材于殯門外西面北上綪主人徧視之如哭椁獻素

獻成亦如之材明器之材視之亦拜工左還形法定爲素飾治畢爲成○檀弓云既殯旬而布材與明器經言還椁獻材在筮宅卜日之間知彼二事俱在旬內外也○徧音遍

右哭椁哭器

卜日既朝哭皆復外位卜人先奠龜于西塾上南首有席楚焞置于燋在龜東楚荆也荆焞所以鑽灼龜者燋炬也所以燃火者也周禮菙氏掌共燋契以待卜事凡卜以明火爇燋遂灼其焌契以授卜師遂以役之○周禮所謂燋即此燋所謂焌契即此楚焞也○焞存悶反燋哉約反菙時髓反焌音俊爇如悅反**族長涖卜及宗人吉服立于門西東面南上占者三人在其南北上卜人及執燋席者在塾西**族長有司掌族人親疏者也涖臨也吉服服玄端也占者三人掌玉兆瓦兆原兆者也在塾西者南面東上○疏云宗人掌禮之官非卜筮者**闔東扉主婦立**

于其內扉門扉也席于闑西閾外爲卜者也古文闑作槷閾作蹙○闑魚列反宗人告事具主人北面免經左擁之涖卜卽位于門東西面涖卜族長也更西面當代主人命卜卜人抱龜燋先奠龜西首燋在北既奠燋又執龜以待之○疏曰卜人抱龜燋謂從塾上抱鄉閾外待也宗人受卜人龜示高以龜腹甲高起所當灼處示涖卜也涖卜受視反之宗人還少退受命受涖卜命授龜宜近受命宜卻也命曰哀子某來日某卜葬其父某甫考降無有近悔考登也降下也言卜此日葬魂神上下得無近於咎悔者乎○考父也降骨肉歸復于土也卜得吉則體魄永安不近於悔矣許諾不述命還卽席西面坐命龜興授卜人龜負東扉宗人不述命亦士禮略凡卜述命命龜異龜重威儀多也負東扉俟龜之兆也卜人坐作龜興作猶灼也周禮卜人凡卜事示高揚火以作龜致其墨興起也宗人受龜示涖

劉台拱云案宗人釋龜久矣此乃言執之而云不釋龜者對下文告主婦釋龜言之執龜以告蒞卜與主人釋龜以告主婦以此爲別疏未得其義

卜涖卜受視反之宗人退東面乃旅占卒不釋龜告于涖卜與主人占曰某日從不釋龜復執之也古文曰爲日授卜人龜告于主婦主婦哭不執龜者下主人也告于異爵者使人告于衆賓衆賓僚友不來者也○疏曰上云既朝哭皆復外位外位中有異爵卿大夫等故就位告之卜人徹龜宗人告事畢主人經入哭如筮宅賓出拜送若不從卜擇如初儀

右卜葬日

儀禮　鄭氏註　濟陽張爾岐句讀

既夕第十三 鄭目錄云士喪禮之下篇也既已也謂先葬二日已夕哭時與葬間一日凡朝廟日請啓期必容焉此諸侯之下士一廟其上士二廟則既夕哭先葬前三日大戴第五刪小戴第十四別錄名士喪禮下篇第十三

既夕哭 既已也謂出門哭止復外位時 請啓期告于賓 將葬當遷柩于祖有司於是乃請啓殯之期於主人以告賓賓宜知其時也今文啓爲開○請啓期主人曰在明旦有司遂以告賓

右請啓期

夙興設盥于祖廟門外 祖王父也下士祖禰共廟○疏云此設盥亦在門外東方如大斂也 陳鼎皆如殯東方之饌亦如之 皆皆三鼎也如殯如大斂既殯之奠 侇牀饌于階間 ○侇之言尸也朝正柩用此牀○疏云謂柩至祖廟兩楹之間尸北首之時乃用此牀

劉氏拱云案敖氏以此爲祖奠之饌如遷祖之奠別用腆醴酒夫夙興陳之日側乃奠之其不可一也二廟者朝禰如小斂奠朝祖如大斂奠以是爲尊卑之差如敖氏之說則朝禰之奠尚用特豚而朝祖之奠止用脯醢醴酒其不可二也

右豫於祖廟陳饌

二燭俟于殯門外。早闇以爲明也。燭用蒸。○大曰薪，小曰蒸。丈夫髽，散帶垂，即位如初。爲將啓變也。此互文以相見耳。髽，婦人之變。喪服小記曰：男子免而婦人髽，男子冠而婦人笄。如初，朝夕哭門外位。○據疏，當云丈夫免，婦人髽，此或偶脫去三字。註以爲互見也。疏又云：啓殯之後，雖斬衰亦免而無括髮。婦人不哭。主人拜賓，入即位，袒。此不蒙如初者，以男子入門不哭也。不哭者，將有事，止讙囂也。商祝免袒，執功布入，升自西階，盡階，不升堂。聲三，啓三，命哭。功布，灰治之布也。執之以接神，爲有所拂仿也。聲三，三有聲，存神也。啓三，三言啓，告神也。舊說以爲聲，噫興也。今文免作絻。○三息暫反。燭入。炤徹與啓肂者。○疏云：一燭入室中照徹奠，一燭於堂照開殯肂也。祝降，與夏祝交于階下，取銘置于重。祝降者，祝徹宿奠降也。與夏祝交，事相接也。夏祝取銘置于重，爲啓肂遷之，吉事交相左，凶事交相右。今文銘皆作名。○

燭入室時祝從而入徹宿奠徹奠者降至堦下夏祝升取銘亦至階下故曰交降階者近東升階者近西是交相右也○夏戶雅反祝之六反**踊無筭**主人也○此開殯之時**商祝拂柩用功布憮用夷衾**拂去塵也憮覆之爲其形露○柩出自肂故拂之覆之疏云夷衾當隨柩入壙○註疏無憮字圖解有憮字似當有

右啓殯

遷于祖用軸遷從也從於祖朝祖廟也檀弓曰殷朝而殯於祖周朝而遂葬蓋象平生時將出必辭尊者軸輁軸也軸狀如轉轔刻兩頭爲軹輁狀如長牀穿桯前後著金而關軸焉大夫諸侯以上有四周謂之輴天子畫之以龍**重先奠從燭從柩從燭從主人從**行之序也主人從者丈夫由右婦人由左以服之親疏爲先後各從其昭穆男賓在前女賓在後○此從奠啓殯時所徹去日之夕奠也疏云柩前後有燭以柩車隔闇故各有燭以炤道及至廟燭在前者升炤正柩在後者在階下炤升柩**升自西階**柩也猶用子道不由阼也**奠俟于下東面**

北上。俟正柩也。主人從升。婦人升。東面。衆主人東即位。東方之位。○疏云。擧主婦東面。主人西面可知。又云。唯主人主婦升。衆主人從柩至西階下。遂鄉東階下。即西面位。正柩于兩楹間。用夷牀。兩楹間象鄉戶牖也。是時柩北首。○疏云。戶牖之間。賓客之位。亦是人君受臣子朝事之處。父母神之所在。故於兩楹之間。北面鄉之。主人柩東西面。置重如初。如殯宮時也。○亦如上篇三分庭一在南面置之。席升設于柩西。奠設如初。巾之。升降自西階。席設于柩之西。直柩之西。當西階也。從奠設如初。東面也。不統於柩。神不西面也。不設柩東。東非神位也。巾之者。爲禦當風塵。○此宿奠從殯宮來。還依室中東面設法。設之於席前也。主人踊無算。降拜賓。即位踊。襲。主婦及親者由足西面。設奠時。婦人皆室戶西南面。奠畢。乃得東面。親者西面。堂上迫。疏者可以居房中。○前者主人從殯宮中降拜賓。入即位袒。至此乃襲。未設奠時。主人方在柩東。設奠訖。主人降拜賓。婦人乃得由柩足鄉東西面也。

右遷柩朝祖

薦車直東榮北輈薦進也進車者象生時將行陳駕也今時謂之魂車輈轅也車當東榮東陳西上於中庭○以明旦將行故豫陳車乘車道車槀車也非載柩之車○輈竹求反質明滅燭質正也徹者升自阼階降自西階徹者辟新奠不設序西南已再設爲褻○徹者徹去從奠也乃奠如初升降自西階爲遷祖奠也奠升不由阼階柩北首辟其足○奠夙興所陳三鼎及東方之饌如初者亦於柩西當階之上東面席前奠之主人要節而踊節升降○奠升時主人踊降時婦人踊由重南主人踊也薦馬纓三就入門北面交轡圉人夾牽之駕車之馬每車二疋纓今馬鞅也就成也諸侯之臣飾纓以三色而三成此三色者蓋條絲也其著之如罽然天子之臣如其命數王之革路條絲圉人養馬者在左右曰夾既奠乃薦馬者爲其踐汚廇中也凡入門參分庭一在南○疏云此三色如聘禮記三色朱白蒼也御者執策立于馬後

哭成踊。右還出。主人於是乃哭踊者。薦車之禮成於薦馬。○主人哭踊訖。馬則右還而出。賓出。主人送于門外。

右薦車馬設遷祖之奠

有司請祖期。亦因在外位請之。當以告賓。每事畢輒出。將行而飲酒曰祖。祖。始也。曰日側。側。昳也。謂將過中之時。○主人應有司之辭。主人入。祖。乃載。踊無筭。卒束。襲。祖。爲載變也。乃舉柩卻下而載之。束。束棺於柩車。賓出。遂匠納車于階間。謂此車。○賓出。即納柩車。主人送賓返入。乃載柩在堂。北首。今以足鄉前。下堂載於車也。○註無乃字。案疏當有乃字。降奠。當前束。下遷祖之奠也。當前束。猶當戶腢也。亦在柩車西。束有前後也。○疏云。未束以前。其奠使人執之。待束訖。乃降奠之當束也。商祝飾柩。一池。紐前䞓後緇。齊三采。無貝。飾柩。爲設牆柳也。巾奠乃牆。謂此也。牆有布帷。柳有布荒。池者。象宮室之承霤。以竹爲之。狀如小車笭。衣以青布一池縣於柳前士不揄絞紐所以聯帷荒前赤後黑因以爲飾左右面各有前後齊居柳之中央若今小車蓋上蕤矣以三采繒爲之上朱中白下蒼著以絮元士以上有貝○飾柩在旁爲牆牆有帷在上爲柳柳有荒牆柳自其縛木爲格者而言帷荒自其張於外者而言池象承霤卽簷也紐垂於四隅齊者柳之頂結也○紐女九反揄音遙霤力又反

設披。披輅柳棺上貫結於戴人居旁牽之以備傾虧喪大記曰士戴前纁後緇二披用纁今文披皆爲藩○以帛繫棺紐着柳骨謂之戴又以帛繫戴而出其餘於帷外使人牽之謂之披註文輅字當是絡字

屬引。屬猶著也引所以引柩車在軸輴曰紼古者人引柩春秋傳曰坐引而哭之三○引謂紼繩屬著於柩車

右將祖時先載柩飾柩車

陳明器於乘車之西。明器藏器也檀弓曰其曰明器神明之也言神明者異於生器竹不成用瓦不成味木不成斲琴瑟張而不平竽笙備而不和有鐘磬而無筍簴陳器於乘車之西則重之北也

折橫覆之。折猶庋也

方鑿連木爲之蓋如牀而縮者三橫者五無簀窆事畢加之壙上以承抗席橫陳之者爲苞筲以下綪於其北便也覆之見善面也○折加於壙時善者鄉下今陳之反善面鄉上也○㡀九委反**抗木橫三縮二**抗禦也所以禦止土者其橫與縮各足掩壙○抗音剛**加抗席三**席所以禦塵○加者加於抗木之上**加茵用疏布緇翦有幅亦縮二橫三**茵所以藉棺者翦淺也幅緣之亦者亦抗木也及其用之木三在上茵二在下象天三合地二人藏其中焉今文翦作淺○茵設壙中先布橫三乃布縮二厝柩後施抗壙上先用縮二乃用橫三註云木三在上茵二在下據既設後人所見而言也其實抗茵皆三者在外二者在內如渾天家地之上下周匝皆有天也故疏云木與茵皆有天三合地二○茵音因**器西南上綪**器自言之也陳明器以西行南端爲上綪屈也不容則屈而反之**茵**茵在抗木上陳器次而北也○愚意茵字當連上綪字爲句言陳器當從茵屈轉而北也不然前已詳茵豈合重舉**苞二**所以裹奠羊豕之肉○奠謂遣奠**筲三黍稷麥**筲畚種類也其容蓋與簋同一穀也○疏云筲以菅草爲之畚器所

以盛種此筲與畚同類也甕三醯醢屑冪用疏布甕瓦器其容亦蓋一觳屑薑桂之屑也內則曰屑桂與薑冪覆也今文冪皆作密○觳音斛甒二醴酒冪用功布甒亦瓦器古文甒皆作廡皆木桁久之桁所以庪苞筲甕甒也久當爲灸灸謂以蓋案塞其口每器異桁○桁戶庚反用器弓矢耒耜兩敦兩杅槃匜匜實于槃中南流此皆常用之器也杅盛湯漿槃匜盥器也流匜口也今文杅爲桙○杅音于無祭器士禮略也大夫以上兼用鬼器人器也有燕樂器可也與賓客燕飲用樂之器也役器甲冑干笮此皆師役之器甲鎧冑兜鍪干楯笮矢箙○笮側白反鎧苦代反兜丁侯反鍪音矛楯常允反燕器杖笠翣燕居安體之器也笠竹䈂蓋也翣扇○翣所甲反

右陳器與葬具載柩陳器二事畢則日及側矣

徹奠巾席俟于西方主人要節而踊巾席俟於西方祖奠將用焉要節者來象升丈夫踊

去象降婦人踊徹者由明器北西面既徹由重東南不設於序西南者非宿奠也宿奠必設者爲神馮依之久也○此所徹遷祖之奠爲將旋柩鄉外更設祖奠故遷之巾席即所徹奠之巾席俟者奠已東去而巾席猶執以俟也註象升象降者此奠在庭徹者無升降之事止有往來主人以其往來爲踊節與徹室中之奠升階降階者同故云象也

祖。爲將祖變

商祝御柩。亦執功布居前爲還柩車爲節

乃祖。還柩鄉外爲行始○旋柩車使輴鄉外也○還音患

踊襲少南當前束。主人也柩還則當前束南○疏云前祖爲祖變今既祖訖故踊而襲車未還之時當前束近北今還車則當前束少南

婦人降即位于階間。爲柩將去有時也位東上○疏云云位東上者以堂上時婦人在阼階西面統於堂下男子今柩車南還男子亦在車東故婦人降亦東上統于男子也婦人不鄉車西者以車西有祖奠故辟之在車後愚案婦人在車後南面故註云東上

祖還車不還器。祖有行漸車亦宜鄉外也器之陳自已南上○車前所薦之乘車道車槀車也陳器本自南上不須更還也

祝取銘置于茵。重不藏故於此移銘加於茵上○

本置于重。今將行，隨柩，故移置茵上也。**二人還重左還。**重與車馬還相反，由便也。○疏云：車馬在中庭之東，以右還鄉門爲便；重在門內面鄉北，人在其南，以左還鄉門爲便。**布席乃奠如初，主人要節而踊。**車已祖，可以爲之奠也，是之謂祖奠。○疏云：祖奠既與遷祖奠同，車西，人皆從車西來，則此要節而踊，一與遷祖奠同。**薦馬如初。**柩動車還，宜新之也。**賓出，主人送，有司請葬期。**亦因在外位時。**入復位。**主人也。自死至於殯，自啓至於葬，主人及兄弟恒在內位。○主人既以葬期命有司而遂入。疏云：自死至於殯在內位，據在殯宮中。自啓至於葬在內位，據在祖廟中。又云：始死未小斂以前，位在尸東，小斂後位在阼階下，若自啓之後在廟位，亦在阼階下也。

右還柩車設祖奠

公賵玄纁束馬兩。公，國君也。賵，所以助主人送葬也。兩馬，士制也。春秋傳曰：宋景曹卒，魯季康子使冉求賵之以馬曰其可以稱旌繁乎○春秋傳見哀公二十三年引之者証以馬賵人之事○賵芳鳳反 **擯者出請入告主人釋杖迎于廟門外不哭先入門右北面及衆主人袒** 尊君命也衆主人自若西面 **馬入設** 設於庭在重南 **賓奉幣由馬西當前輅北面致命** 賓使者幣玄纁也輅轅縛所以屬引由馬西則亦當前輅之西於是北面致命得鄉柩與奠柩車在階間少前三分庭之北輅有前後 **主人哭拜稽顙成踊賓奠幣于棧左服出** 棧謂柩車也凡士車制無漆飾左服象授人授其右也服車箱今文棧作輚疏云主人哭拜仍於門右北面柩車四輪迫地無漆飾故言棧也此車南鄉以東爲左尸在車上以東爲右故奠左服象授人右也○棧士板反 **宰由主人之北舉幣以東** 柩東主人位以東藏之○此時主人仍在門東北面經云主人之北指柩東定位而言此位雖無主人宰不得履之以過故由其北也 **士受馬以出** 此士謂胥徒之長也有勇力者受馬聘禮曰皮馬相間可也 **主人送于外門外**

拜。襲。入復位。杖。

右國君賵禮

賓賵者將命。賓卿大夫士也。○疏云言將命者身不來遣使者將命告主人擯者出請。入告。出告須。不迎告曰孤某須馬入設。賓奉幣擯者先入賓從致命如初。初公使者。主人拜于位不踊。柩車東位也。既啓之後與在室同。○疏云始死時庶兄弟襚使人以將命于室主人拜于位此主人亦拜于位俱是不爲賓出有君命亦出迎矣賓奠幣如初舉幣受馬如初擯者出請。賓出在外請之爲其復有事。○疏云若無事賓報事畢送去也若奠。賓致可以奠也。○致其堪祭之物入告。出以賓入將命如初士受羊如受馬又請。士亦謂胥徒之長又復也。若賻。賻之言補也助也貨財曰賻入告。主人出門左西面賓東面將命。主人出者賻主施於主人主人拜賓坐委之宰由主人之北東面舉之反位坐委之明主人哀戚志不在受人物反位反主人之後位○宰位在主人之後若無器則捂受之謂對相授不委地○捂五故反又請賓告事畢拜送入○主人入贈者將命贈送○謂以幣若器送死者也擯者出請納賓如初如其入告出告須賓奠幣如初亦於棧左服若就器則坐奠于陳就猶善也贈無常惟翫好所有陳明器之陳○謂乘車之西陳明器之處所也凡將禮必請而后拜送雖知事畢猶請君子不必人意兄弟賵奠可也兄弟有服親者可且賵且奠許其厚也賵奠於死生兩施所知則賵而不奠所知通問相知也降於兄弟奠施於死者為多故不奠知死者贈知生者賻各主於所知書賵於方若九若七若五方板也書賵奠賻贈之人名與其物於板每板若九行若七行若五行書遣於策策簡也遣猶送也謂所當藏物茵以下○疏云聘禮記云百名以上書於策不

及百名書於方以賓客賵物名字少故書於方遣送死者明器之等幷贈死者玩好之物名字多故書之於策**乃代哭如初**棺柩有時將去不忍絕聲也初謂既小斂時**宵爲燎于門內之右**爲哭者爲明○門內之右門東也哭者在柩車東故於門內右照之

右賓賵奠賻贈之禮以上竝葬前一日事

厥明陳鼎五于門外如初鼎五羊豕魚腊鮮獸各一鼎也士禮特牲三鼎盛葬奠加一等用少牢也如初如大斂奠時○亦如大斂陳鼎在廟門外**其實羊左胖**反吉祭也言左胖者體不殊骨也○特牲少牢吉祭皆升右胖此則用左體不殊骨者左邊共爲一段也**髀不升**周貴肩賤髀古文髀作脾○髀步禮反**腸五胃五**亦盛之也○疏云少牢用腸三胃三今加至五亦是盛此奠也**離肺**離挃○挃離之不絕中央少許○挃苦圭反**豕亦如之豚解無腸胃**如之亦羊左胖髀不升離肺也豚解解之如解豚亦前肩後肫脊脅而已無腸

別之拱之案凡奠皆饌於堂下即上文遷祖之奠亦然至祖奠乃饌於主人之南當前輅者以東堂下已陳明器不容羅列其間故也鄭知此簋豆醴酒亦當在主人之南當前輅者以以為陳明器卻當於東堂下故為陳之即下文云陳器是也

胃者君子不食溷腴○豚解總有七段今取左胖則爲四段豚解無腸胃言其不與羊同者也**魚腊鮮獸皆如初**○鮮新殺者士腊用兔加鮮獸而無膚者豕既豚解略之○疏云腊與鮮皆用兔又云葬奠用少牢攝盛則當用膚與少牢同以豕既豚解喪事略則無膚亦略之而加鮮獸也**東方之饌四豆脾析蜱醢葵菹蠃醢**脾讀爲雞脾肶之脾脾析百葉也蜱蜯也今文蠃爲蝸○脾析牛百葉此用少牢無牛當是羊百葉○蜱皮佳反肶尺之反蜯步講反**四籩棗糗栗脯**糗以豆糗粉餌○據疏引籩人鄭註籩實有糗餌粉餈二物此經云糗但糗餌也二物皆稻黍米粉所爲合蒸則爲餌作餅熟之則爲餈又糗與粉皆大豆末初擣之則爲粉熬之則爲糗糝二物使不粘著也註云以豆糗粉餌謂以豆之糗而粉此餌也餌類今蒸糕餈類今胡餅○糗去九反**醴酒**此東方之饌與祖奠同在主人之南當前輅北上巾之○疏云祖奠與大斂奠同二豆二籩此葬奠四豆四籩籩豆雖不同而同處耳云北上者蓋兩甒在北次南饌四豆豆南饌四籩也**陳器**明器也夜斂藏之○疏云至此厥明更陳之也**滅燎執燭俠輅北**

面照徹與葬奠也○疏云軺西者照徹祖奠軺東者照葬奠之餽賓入者拜之明自啓至此主人無出禮徹者入丈夫踊設于西北婦人踊猶阼階升時也亦既盥乃入入由重東而主人踊猶其升也自重北西面而徹設于柩車西北亦猶序西南○將設葬奠先徹祖奠徹者東由柩車北東適葬奠之餽○疏云以其徹訖當設葬奠故徹者由柩車北東適葬奠之餽取而設于柩車西也鼎入舉入陳之也陳之蓋於重東北西面北上如初乃奠豆南上綪籩蠃醢南北上綪籩蠃醢南辟醴酒也○如疏所釋先餽脾析於西南次北蜱醢蜱醢東葵菹菹南蠃醢是謂南上綪籩於蠃醢以南爲次先設棗棗南設糗糗東設栗栗北設脯是謂北上綪籩之西脾析之南設醴酒故註云辟醴酒也俎二以成南上不綪特鮮獸成猶併也不綪者魚在羊東腊在豕東古文特爲俎○如疏所釋以羊豕魚腊之次自南而北而東而南迴環設之爲綪羊豕魚腊併設皆自南始爲不綪鮮獸在北無偶爲特也醴酒在籩西北上統於豆也奠者出主人要節而踊亦以往來

爲節。奠由重北西。既奠。由重東南。○疏云。此奠饌在輅東。言由重北者。亦是由車前明器之北。鄉柩車西設之。設訖。由柩車南而東者。禮之常也。

右葬日陳大遣奠

甸人抗重出自道。道左倚之。還重不言甸人。抗重言之者。重既虞將埋之。言其官。使守視之。抗。舉也。出自道。出從門中央也。不由闑東西者。重不反。變於恒出入。道左。主人位。今時有死者。鑿木置食其中。樹於道側。由此。○疏云。道左倚之者。當倚於門東北壁。薦馬。馬出自道。車各從其馬。駕于門外。西面而俟。南上。南上。便其行也。行者乘車在前。道稾序從。○疏云。案下記云。乘車載旜。道車載朝服。稾車載蓑笠。是序從也。徹者入。踊如初。徹巾。苞牲。取下體。苞者。象既饗而歸賓俎者也。取下體者。脛骨象行。又俎實之終始也。士苞三个。前脛折取臂臑。後脛折取骼。亦得俎釋三个。雜記曰。父母而賓客之。所以爲哀。○牲陳于俎。其脛骨在兩端，故脛骨爲俎實之終始。士一苞之中，有三个牲體，臂也，臑也，骼也。前陳器云苞二，羊豕各一苞也。俎釋三个者，苞取之餘，尚留三个。疏以爲羊俎有二段，豕俎有四段，相通計之，爲俎釋三个，留之爲分禱五祀也。**不以魚腊。**非正牲也。

行器。目葬行明器在道之次。行器，遷動明器，使行也。○**茵苞器序從，**如其陳之先後。**車從，**次器。**徹者出，踊如初。**於是廟中當行者唯柩車。

右將葬抗重出車馬苞器以次先行鄉壙

主人之史請讀賵，執筭從，柩東，當前束，西面。不命毋哭，哭者相止也。唯主人主婦哭。燭在右，南面。史北面請，既而與執筭西面於主人之前讀書釋筭，燭在右南面，照書便也。古文筭皆爲筴。**讀書，釋筭則坐。**必釋筭者，榮其多。○疏云：讀書者立讀之，敬也；釋筭者坐，爲釋之便也。**卒命哭，滅燭，書與筭執之以逆出。**卒，已也。**公史自西方東**

面命毋哭主人主婦皆不哭讀遣卒命哭滅燭出公史君之典禮書者遣者入壙之物君使史來讀之成其得禮之正以終也燭俠輅○讀賵讀遣皆以告死者

右讀賵讀遣

商祝執功布以御柩執披居柩車之前若道有低仰傾虧則以布為抑揚左右之節使引者執披者知之士執披八人今文無以○引柩者執披者皆視商祝所執布以用力也○仰五郎反主人袒乃行踊無筭祖為行變也乃行謂柩車行也凡從柩者先後左右如遷于祖之序○疏云上遷于祖時註云主人從者丈夫由右婦人由左以服之親疏為先後各從其昭穆男賓在前女賓在後此從柩向壙之序一亦如之也出宮踊襲○哀次○疏云大門外有賓客次舍之處父母生時接賓之所主人至此感而哀此次是以有踊踊訖即襲襲訖而行也至于邦門公使宰夫贈玄纁束邦門城門也贈送也○至壙窆訖時贈用制幣玄纁束所用即此幣主人

去杖不哭由左聽命賓由右致命柩車前輅之左右也當時止柩車○疏云在廟柩車南鄉左則在東此出國北門柩車鄉北左則前輅之西也主人哭拜稽顙賓升實幣于蓋降主人拜送復位杖乃行升柩車之前實其幣於棺蓋之柳中若親授之然復位反柩車後○疏云賓升實幣于蓋載以之壙此贈專爲死者故若親授之然又云云復位反柩車後者上在廟位在柩車東此行道故在柩車後也

右柩車發行及在道君使宰贈之儀

至于壙陳器于道東西北上統於壙○疏云廟中南上此則北上故云統於壙也茵先入當藉柩也元士則葬用輁軸加茵焉屬引於是說載除飾更屬引於緘耳古文屬爲燭○緘耳棺束之末結爲耳以紼貫之而下棺主人袒衆主人西面北上婦人東面皆不哭俠羨道爲位乃窆主人哭踊無算窆下棺也今文窆爲封○疏云主人哭踊不言處還於壙東西面也襲贈用制幣

玄纁束。拜稽顙。踊如初。丈八尺曰制。二制合之。束十制五合。○丈八尺曰制。是其一端。二端合爲一匹。束十制。計五匹也。此所用。至邦門公所贈者。**卒袒。拜賓。主婦亦拜賓。卽位。拾踊三。襲。**主婦拜賓。拜女賓也。卽位。反位也。○疏云。卒謂贈卒。更袒拜賓。云反位者。各反羨道東西位。其男賓在衆主人之南。女賓在衆婦之南。○拾其業反

賓出。則拜送。相問之賓也。凡弔賓有五。去皆拜之。此舉中焉。○案雜記云。相趨也。出宮而退。相揖也。哀次而退。相問也。既封而退。相見也。反哭而退。朋友虞祔而退。註所云弔賓有五也。

藏器於旁。加見。器。用器。役器也。見。棺飾也。更謂之見者。加此則棺柩不復見矣。先言藏器。乃云加見者。器在見內也。內之者。明君子之於事終不自逸也。檀弓曰。周人牆置翣。○見棺飾也。棺飾帷荒池紐之等。周人名爲牆。其外又置翣爲飾。

藏苞筲於旁。於旁者。在見外也。不言甕甒餱。相次可知。四者兩兩而居。喪大記曰。棺椁之間。君容柷。大夫容壺。士容甒。○柷尺六反

加折。卻之。加抗席。覆之。加抗木。宜次也。○折陳之美面向上。今用則美面向下。故謂卻之。註云宜次

謂三者之用有宜有次也。**實土三。主人拜鄉人。**謝其勤勞。○疏云：勤勞謂在道助執紼，在壙助下棺及實土也。**即位踊，襲，如初。**哀親之在斯。○疏云：既拜鄉人，乃於羨道東即位，踊無算如初也。

右窆柩藏器葬事畢

乃反哭，入，升自西階，東面。眾主人堂下東面北上。西階東面，反諸其所作也。反哭者於其祖廟，不於阼階西面，西方神位。○反諸其所作也，檀弓文，謂親所行禮之處。註西方神位，未詳其義，抑欲慟諸祖禰之側歟。**婦人入，丈夫踊，升自阼階。**辟主人也。**主婦入于室，踊，出即位，及丈夫拾踊三。**入于室，反諸其所養也。出即位，堂上西面也。拾，更也。○反諸其所養也，亦檀弓文，謂親所饋食之處。自小斂，主婦等位皆在阼階上西面，故註云出即位，堂上西面也。拾踊者，更迭而踊也。**賓弔者升自西階，曰：如之何。主人拜稽顙。**賓弔者，眾賓之長也。反而亡焉，失之矣，於是為甚，故弔之。弔者北面，主人拜于位不北面拜賓東者以其亦主人位也古文無曰字○主人拜賓于西階上東面註云亦主人位疏云特牲少牢助祭之賓主人皆拜送于西階東面故此東面不移以其亦主人位故也未知果經意否始死拜賓于西階此反而亡亦拜賓于西階將無同歟

賓降出主人送于門外拜稽顙○疏云此於雜記五賓當相見之賓遂適殯宮皆如啓位拾踊三啓位婦人入升堂丈夫即中庭之位○疏云此如啓位婦人亦即位于堂東西面主人即位于堂下直東序西面直東序西面即中庭位也兄弟出主人拜送兄弟小功以下也異門大功亦可以歸衆主人出門哭止闔門主人揖衆主人乃就次次倚廬也

右反哭于廟于殯宮出就次於是將舉初虞之奠矣

猶朝夕哭不奠是日也以虞易奠○經言葬後至練皆朝夕哭與未葬同但不奠耳大斂以來朝夕有奠葬後乃不奠也註言是日謂葬之日下註所云朝而葬日中而虞是也疏以爲釋不奠之故尚未是三虞虞喪祭名虞安也骨

正以爲士之卒哭在虞後而與葬同
月大夫以上異
案始死主人哭不絶聲至殯
後朝一哭夕一哭于殯宮阼階
下有朝夕自夕至朝其間哀
至即哭非必朝夕者服傳所謂
晝夜無時也至此祭始止晝
夜無時之哭惟朝夕哭而已

肉歸於土。精氣無所不之。孝子爲其彷徨。三祭以安之。朝葬日中而虞。不忍一日離。○三虞謂葬日初虞。再虞用柔日。後虞用剛日。共三祭也。**卒哭。**卒哭三虞之後祭名。始朝夕之間。哀至則哭。至此祭止也。朝夕哭而已。○後虞之後。又遇剛日。舉此祭。既祭。則唯朝夕哭。不無時哭。故名其祭曰卒哭也。**明日以其班祔。**班。次也。祔。卒哭之明日祭名。祔猶屬也。祭昭穆之次而屬之。

今文班作胖

右略言葬後儀節及喪祭之目

記

士處適寢。寢東首于北墉下。將有疾。乃寢於適室。今文處爲居。于爲於。○疏云。若不疾。則在燕寢。○首。手又反。**有疾。疾者齊。**正情性也。適寢者。不齊不居其室。○齊。側皆反。**養者皆齊。**憂也。○養。于亮反。**徹琴瑟。**去樂。**疾病。外內皆埽。**爲有賓客來問也。疾甚曰病。○埽。素倒反。**徹褻衣。加新**

石經攷異云此因注解而誤蓋以喪大記誤入也

衣故衣垢汙爲來人穢惡之○疏云徹褻衣據死者而言徹褻衣衣謂故玄端加新衣謂更加新朝服蓋其齊時已着玄端至此更徹去易朝服也新衣不言朝服互見之也**御者四人皆坐持體**爲不能自轉側御者今時侍從之人**男女改服**爲賓客來問病亦朝服主人深衣○按下主人啼註於是始去冠而笄纚服深衣則此主人深衣四字羨文也**屬纊以俟絕氣**爲其氣微難節也纊新絮**男子不絕於婦人之手婦人不絕於男子之手**備褻**乃行禱于五祀**盡孝子之情五祀博言之士二祀曰門曰行**乃卒**卒終也**主人啼兄弟哭**哀有甚有否於是始去冠而笄纚服深衣檀弓曰始死羔裘玄冠者易之○疏云引檀弓者證深衣易去朝服之事也**設牀第當牖衽下莞上簟設枕**病卒之間廢牀至是設之事相變衽臥席古文第爲茨○第側几反**遷尸**徙於牖下也於是幠用斂衾○疏云徙於牖下者卽上文牀第當牖者也

此據經士死于適室幠用斂衾之文而記君子正終人子侍

養之事

復者朝服左執領右執要招而左衣朝服服未可以變○方冀其生故復者服朝服不變凶服也其所執則經所云爵弁服也○朝直遥反要一遥反楔貌如軛上兩末事便也今文軛作厄○上兩末楔屈如軛以屈處入口使兩末向上也○軛於革反綴足用燕几校在南御者坐持之校脛也尸南首几脛在南以拘足則不得辟戾矣古文校爲枝卽牀而奠當腢用吉器若醴若酒無巾柶腢肩頭也用吉器器未變也或卒無醴用新酒○疏云卽就也謂就尸牀而設之尸南首則在牀東當尸肩頭也又云若醴若酒科有其一不得並用○腢古口反卒七忽反

記始死時復魂楔綴設奠諸禮中儀法器物

赴曰君之臣某死赴母妻長子則曰君之臣某之某死赴走告也今文

赴作訃

記赴君之辭

室中唯主人主婦坐兄弟有命夫命婦在焉亦坐別尊卑也○疏云案大記士之喪主人父兄主婦姑姊妹皆坐鄭云士賤同宗尊卑皆坐此命夫命婦之外立而不坐者此謂有命夫命婦來兄弟爲士者則立若無命夫命婦則同宗皆坐也

記室中哭位經所未及

尸在室有君命衆主人不出不二主○疏云衆主人不出在尸東耳

經於君命弔襚直言主人不言衆主人故記之

襚者委衣于牀不坐牀高由便其襚于室戶西北面致命始死時也○小斂後

襚于堂者則中庭北面致命

記襚者儀位

夏祝淅米差盛之差擇之○差七何反盛音成御者四人抗衾而浴襢第抗衾爲其裸裎蔽之也襢袒也袒簀去席盝水便○抗音剛襢之善反盝音祿其母之喪則內御者浴鬠無笄內御女御也無笄猶丈夫之不冠也設明衣婦人則設中帶中帶若今之褌襂○褌音裩襂音衫卒洗貝反于笲實貝柱右齻左齻象齒堅○卒洗洗貝也齻謂牙兩畔最長者實貝者實之於此以象生平齒堅也○齻丁千反夏祝徹餘飯徹去鬻○餘飯飯尸餘米也夏祝徹去羹之爲鬻以實重鬲也瑱塞耳塞充窒○不同生人但懸耳旁掘坎南順廣尺輪二尺深三尺南其壤南順統於堂輪從也今文掘爲坅○以埋弃潘者垼用塊塊堛也古文垼爲役○以煑潘者明衣裳

儀禮鄭注句讀　既夕第十三　五

用幕布袂屬幅長下膝。幕布帷幕之布，升數未聞也。屬幅，不削幅也。長下膝，又有裳於蔽下體深也。○疏云：屬幅，不削幅者，布幅二尺二寸，凡用布，皆削去邊幅旁一寸，爲二寸計之，則此不削幅，謂繚使相著，還以袂二尺二寸。云長下膝者，謂爲此衣長至膝下。有前後裳不辟長及轂。不辟，積也。轂，足跗也。凡他服短無見膚，長無被土。○前後裳謂前三幅後四幅也。○轂，苦角反。縓綼緆。一染謂之縓，今紅也。飾裳在幅曰綼，在下曰緆。○在幅，裳之側緣也。○縓，七絹反。綼，毗皮反。緆，他計反。緇純。七入爲緇，緇，黑色也。飾衣曰純，謂領與袂。衣以緇，裳以縓，象天地也。設握裏親膚繫鉤中指結于掔。掔，掌後節中也。手無決者，以握繫一端繞掔，還從上自貫，反與其一端結之。○前經言設握，言右手有決者，此記左手之無決者。甸人築坅坎。築，實土其中，堅之。穿坎之名，一曰坅。○築之坅之，皆甸人也。○坅，張鳳翔丘錦反。隸人涅廁。隸人，罪人也，今之徒役作者也。涅，塞也。爲人復往褻之，又亦鬼神不用。○涅，乃結反。既襲宵爲燎于中庭。宵，夜。

記沐浴含襚時職司服物自記首至此皆始死日事也

厥明滅燎陳衣記節。○當襲之明日。滅燎之時。即陳小斂之衣。凡絞紟用布倫如朝服凡。凡小斂大斂也。倫。比也。今文無紟。古文倫爲輪。○朝服十五升。此用布亦如之。設棜于東堂下南順齊于坫饌于其上兩甒醴酒酒在南篚在東南順實角觶四木柶二素勺二豆在甒北二以並籩亦如之棜。今之轝也。角觶四。木柶二。素勺二。爲夕進醴酒兼饌之也。勺二。醴酒各一也。豆籩二以併。則是大斂饌也。記於此者。明其他與小斂同陳。古文角觶爲角柶。○奠用醴酒。但用二觶一柶。而觶有四。柶有二者。朝夕二奠各饌其器也。小斂一豆一籩。大斂乃二豆二籩。記云二以並。言大斂奠之不同於小斂奠者。惟此也。○棜於庶反凡籩豆實具設皆巾之籩豆偶而爲具。具則於饌巾之。巾之。加飾也。明小斂一豆一籩不巾。○皆者。皆東堂與奠所也。二籩二豆者。饌於東堂。設於奠所。二處皆巾之也。小斂一籩一豆。惟至設於牀東乃巾之方其餕堂東時則不巾矣觶俟時而酌柶覆加之面枋及錯建之時朝夕也檀弓曰朝奠日出夕奠逮日○觶雖豫陳必待奠時乃酌其酌醴之法既酌醴以柶覆於觶上使柄向前及其錯於奠所則扱柶醴中○錯七故反小斂辟奠不出室未忍神遠之也辟襲奠以辟斂既斂則不出於室設于序西南畢事而去之○註不出於室設于序西南不宇貫下八字大斂辟奠及朝夕奠則皆出設于序西南矣無踊節其哀未可節也○承上文小斂既馮尸主人袒髺髮絞帶眾主人布帶眾主人齊衰以下大斂于阼未忍便離主人位也主人奉尸斂于棺則西階上賓之大夫升自西階階東北面東上視斂既馮尸大夫逆降復位中庭西面位○疏云上篇朝夕哭云主人入堂下直東序西面卿大夫在其南卿大夫與主人同西面向殯故知大夫位在中庭西面也巾奠執燭者滅燭出降自阼階由主人之北東巾奠而室事已

記小斂大斂二節中衣物奠設時會處所儀法

既殯。主人說髦。既殯置銘于肂復位時也今文說皆作稅兒生三月鬋髮爲鬌男角女羈否則男左女右長大猶爲飾存之謂之髦所以順父母幼小之心至此尸柩不見喪無飾可以去之髦之形象未聞○疏引喪大記鄭註云士既殯說髦小斂說髦蓋諸侯禮士既殯諸侯小斂於死者俱三日也○鬌丁果反三日絞垂。成服日絞要絰之散垂者。

冠六升外縪纓條屬厭。縪謂縫著於武也外之者外其餘也纓條屬者通屈一條繩爲武垂下爲纓屬之冠厭伏也○解已詳喪服篇首章○縪音必厭一涉反衰三升。衣與裳也。屨外納。納收餘也。杖下本。竹桐一也。順其性也。居倚廬。倚木爲廬在中門外東方北戶。寢苫枕塊。苫編藁塊堛也。不說絰帶。哀戚不在於安。哭晝夜無時。哀至則哭非必朝夕。非喪事不言。不忘所以爲親。歠粥。

朝一溢米。夕一溢米。不食菜果。不在於飽與滋味粥糜也二十兩曰溢爲米一升二十四分升之一。實在木曰果。在地曰蓏。**主人乘惡車**。拜君命。拜衆賓。及有故行所乘也。雜記曰。端衰喪車皆無等。然則此惡車。王喪之木車也。古文惡作堊。**白狗幦**。未成豪狗。幦覆笭也。以狗皮爲之。取其臑也。白於喪飾宜。古文幦爲冪。○玉藻君羔幦虎犆。陳註云。幦者覆式之皮。此白狗幦。亦是以狗皮覆車式。○幦亡狄反**蒲蔽**。蔽藩。○謂車兩邊禦風者。以蒲草爲之。**御以蒲菆**。不在於驅馳。蒲菆牡蒲莖也。古文菆作騶。○蒲菆楊柳之堪爲箭者。御者以之策馬。與爲蔽之蒲。同名而異類。○菆則留反**犬服**。笭間兵服。以犬皮爲之。取堅也。亦白。○服盛矢器。註云兵服。似泛言五兵之服。**木錧**。取少聲。今文錧爲鎋。○錧音管**約綏約轡**。約繩。綏所以引升車。**木鑣**。亦取少聲。古文鑣爲苞。○鑣彼苗反**馬不齊髦**。齊翦也。今文髦爲毛。主人之惡車。如王之木車。則齊衰以下。其乘素車繅車駹車漆車與。○駹步江反**主婦之車亦如之疏布裧**。裧者。車裳帷。於蓋弓垂之。○疏云。疏布裧在亦如之之下。見不與男子同。○裧尸占反**貳車白狗攝服**。貳副也。攝猶緣也。狗皮緣服差飾。○服。亦謂盛兵器之服。**其他皆**

而後笭今車尚木也

如乘車。如所乘惡車。○唯白狗攝服爲異也。

記殯後居喪者冠服飲食居處車馬之制

朔月。童子執帚。卻之。左手奉之。童子。隸子弟若內豎寺人之屬。執用左手。卻之。示未用。○疏云。下文掃室聚諸窔。故不用箕。從徹者而入。童子不專禮事。徹。徹宿奠者。比奠。舉席。埽室聚諸窔。布席如初。卒奠。埽者執帚。垂末內鬣。從執燭者而東。比。猶先也。室東南隅謂之窔。○比。必二反。窔。一弔反。鬣。音獵。燕養。饋羞。湯沐之饌。如他日。燕養。平常所用供養也。饋。朝夕食也。羞。四時之珍異。湯沐。所以洗去汙垢。內則曰。三日具沐。五日具浴。孝子不忍一日廢其事親之禮。於下室日設之。如生存也。進徹之時。如其頃。○朝夕之奠與朔月之奠。設于殯宮。燕養之饌。設于下室。下室。燕寢也。朔月若薦新。則不饋于下室。以其殷奠有黍稷也。下室。如今之內堂。正寢聽朝事。○常奠無黍稷。故食時又饋于下室。今此殷奠自有黍稷。故不須更饋也。

記朔月及常日掃潔奉養之事

筮宅。冢人物土。物猶相也。相其地可葬者。乃營之。○經但言筮。記明其先相之。乃筮之也。卜日吉。告從于主婦。主婦哭。婦人皆哭。主婦升堂。哭者皆止。事畢。○經但言主婦哭。不言衆婦人皆哭。與哭止之節。故記詳之。又此條止言卜日事。竊意筮宅得吉。亦當準此儀也。

記筮宅卜日首末事

啓之昕。外內不哭。將有事。爲其讙囂。既啓。命哭。古文啓爲開。○昕音欣。夷牀輁軸。饌于西階東。明階間者。位近西也。夷牀饌於祖廟。輁軸饌於殯宮。其二廟者。於禰亦饌輁軸焉。古文輁或作拱。○疏云。夷牀在祖廟。輁軸在殯宮。以其西階東是同。故並言之。註云。明階間者位近西也者。以經直云階間。恐正當兩階之間。故記入明之。○輁軸。遷柩之車。其二廟者。將自禰朝祖。故亦餼輁軸。朝祖下柩訖。明日適壙用蜃車。不復用輁軸矣。

記啓殯朝祖之事

其二廟則餼于禰廟。如小斂奠。乃啓。祖尊禰卑也。士事祖禰上士異廟。下士共廟。○將啓先具此一鼎一豆一籩之奠於禰廟。既啓。朝禰。徹從奠乃設之。至明日朝祖。則設奠如大斂於祖廟。如經文所陳也。朝于禰廟。重止于門外之西。東面。柩入。升自西階。正柩于兩楹間。奠止于西階之下。東面北上。主人升柩東西面。衆主人東即位。婦人從升。東面。奠升設于柩西。升降自西階。主人要節而踊。重不入者。主於朝祖而行。若過之矣。門西東面待之便也。○正柩兩楹間。疏以爲奠位在戶牖之間。則此於兩楹間。亦稍近西。乃當奠位也。奠謂從奠。要節而踊者。奠升。主人踊。設者降。婦人踊也。燭先入者升堂。東楹之南。西面。後入者西階東北面在下照正柩者先先柩者後後柩者適祖時燭亦然互記於此○疏云此燭本是殯宮中照開殯者在道時一在柩前一在柩後今又一升堂一在堂下主人降即位徹乃奠升降自西階主人踊如初如其降拜賓至於要節而踊不薦車不從此行○徹者徹從奠乃奠者奠其如小斂之饌也經文朝祖時正柩設從奠訖主人降拜賓以後有徹奠設奠哭踊之節此亦如之也

記二廟者啓殯先朝禰之儀

祝及執事舉奠巾席從而降柩從序從如初適祖此謂朝禰明日舉奠適祖之序也此祝執醴先酒脯醢俎從之巾席為後既正柩席升設設奠如初祝受巾巾之凡喪自卒至殯自啓至葬主人之禮其變同則此日數亦同矣序從主人以下今文無從薦乘車鹿淺幦干笮革靾載旜載皮弁服纓轡貝勒縣于衡士乘棧車鹿淺鹿夏毛也幦覆笭玉藻曰士齊車鹿幦豹犆干盾也笮矢箙也

鞁韁也旜旌旗之屬通帛爲旜孤卿之所建亦攝焉皮弁服者視朝之服貝勒貝飾勒有干無兵有箙無弓矢明不用古文鞁爲殺旜爲膳○疏云此並下車三乘謂葬之魂車○鞁息列反軛音直

道車載朝服道車朝夕及燕出入之車朝服日視朝之服也玄衣素裳○疏云士乘棧車更無別車而上云乘車下云槀車此云道車雖有一車所用各異故有乘車道車槀車之名又云士之道車而用朝君之服不用私朝玄端服者亦攝盛也

槀車載蓑笠槀猶散也散車以田以鄙之車蓑笠備雨服今文槀爲潦凡道車槀車之纓轡及勒亦縣于衡也○田謂田獵鄙謂巡行縣鄙○散悉但反

將載祝及執事舉奠戶西南面東上卒東前而降奠席于柩西將於柩西當前束設之○載載柩于車卒束前而降謂舉奠者當束柩於車將畢之前即降也奠席柩西爲設奠先設席也

巾奠乃牆牆飾柩也○即帷荒之屬

抗木刊剝削之古文刊爲竿○抗木必刊治之

茵著用荼實綏澤焉茶茅秀也綏廉薑也澤澤蘭也皆取其香且御濕○茵內所著非直用茶兼實綏與澤○茶大奴反

葦苞

長三尺一編。用便易也。○以葦爲苞，葦之長三尺，一道編之。菅筲三，其實皆瀹。米麥皆湛之湯，未知神之所享，不用食道，所以爲敬。○以菅草爲筲，其中所盛黍稷麥，皆淹漬之。祖還車不易位。爲鄉外耳。未行。○車，乘車、道車、稾車。既祖，則還之向外，但不易初薦時位。執披者旁四人。前後左右各二人。○一旁四人，共八人也。凡贈幣無常。賓之贈也，玩好曰贈，在所有。○以賓客不一，故贈幣無定制。凡糗不煎。以膏煎之則褻，非敬。○葬奠籩實有糗。

記二廟者自禰適祖之儀及祖廟中薦車載柩陳器奠贈諸事

唯君命止柩于堩，其餘則否。不敢畱神也。堩，道也。曾子問曰：葬既引，至於堩。○堩，古鄧反。車至道左，北面立，東上。道左，墓道東。先至者在東。○疏云：當是陳器之南。又云：以乘車、道車、稾車三者次第

（為先後先至者乘車也）柩至于壙斂服載之（柩車至壙祝說載除飾乃斂乘車道車槀車之服載之不空之以歸送形而往迎精而反亦禮之宜○服三車所載皮弁服朝服蓑笠等也）卒窆而歸不驅（孝子往如慕反如疑為親之在彼）

記柩在道至壙卒窆而歸之事

君視斂若不待奠加蓋而出不視斂則加蓋而至卒事（為有他故及辟忌也○卒事謂大斂奠訖乃去）

記君於臣有視斂不終禮者有既斂加蓋而後至者二者之節

既正柩賓出遂匠納車于階間（遂匠遂人匠人也遂人主引徒役匠人主載柩窆職相左右也）

劉台拱云：案祖奠經記皆不詳，其稱言巾之，則非一遷一奠可知

車載柩車。周禮謂之蜃車，雜記謂之團，或作輇，或作摶，聲讀皆相附耳，未聞孰正。其車之轝，狀如牀，中央有轅，前後出，設前後輅，轝上有四周，下則前後有軸，以輇爲輪。許叔重說：有輻曰輪，無輻曰輇。○既朝祖，正柩於兩楹，主人送賓出，以此時納柩車也。○蜃市軫反。輇市專反。**祝餞祖奠于主人之南，當前輅，北上，巾之。**言餞於主人之南，當前輅，則既祖，祝乃餞。○既還柩向外，祝卽餞祖奠于主人之南，及還車、還重俱訖，乃奠之柩車西，如初。

記朝祖納柩車之節與餞祖奠之處

弓矢之新沽功。設之宜新，沽示不用。今文沽作古。○弓矢謂入壙用器，舉弓矢以例餘者。**有弭飾焉。**弓無緣者謂之弭，弭以骨角爲飾。○弭面爾反。**亦張可也。**亦使可張。**有柲。**柲，弓檠，弛則縛之於弓裏，備損傷，以竹爲之。詩云：竹柲緄縢。古文柲作柴。○檠音景。**設依撻焉。**依，纏絃也。撻，弣側矢道也。皆以韋爲之。今文撻爲銛。○疏云：依者，謂以韋依纏其絃，卽今時弓彄是也。撻，所以撻矢令出，生時以骨爲之。**有韣。**韣，弓衣也，以緇布爲之。**翭矢**

一乘骨鏃短衛鍭猶候也候物而射之矢也四矢曰乘骨鏃短衛亦云不用也生時鍭矢金鏃凡爲矢五分笴長而羽其一○衛矢羽也矢笴長三尺五分羽一則六寸是生時之矢羽固不短矣○鍭音侯鏃子木反志矢一乘軒輖中亦短衛志猶擬也習射之矢書云若射之有志輖墊也無鏃短衛亦示不用生時志矢骨鏃凡爲矢前重後輕也○鄭解輖墊也墊與輊同軒輊中謂前後輕重均也註凡爲矢前重後輕亦欲明此軒輊中之異於生用耳疏引周禮八矢六者前重後輕恒矢庳矢不前重後輕非鄭意也○輖音周墊音至

記入壙用器弓矢之制

儀禮覆言句讀

儀禮

士虞特牲少牢有司徹

沈文倬

儀禮　　　　鄭氏註　　　　濟陽張爾岐句讀

士虞禮第十四 鄭目錄云虞安也士旣葬其父母迎精而反日中而祭之於殯宮以安之虞於五禮屬凶大戴第六小戴第十五別錄第十四○疏云虞卒哭在寢祔乃在廟

士虞禮特豕饋食 饋猶歸也○疏云卜日曰牲此虞爲喪祭又葬日虞因其吉日略無卜牲之禮故指豕體而言不云牲以物與神及人皆言饋○饋其位反

側亨于廟門外之右東面 側亨亨一胖也亨於爨用鑊不於門東未可以吉也是日也以虞易奠祔而以吉祭易喪祭鬼神於在則曰廟尊言之○疏云案吉禮皆全左右胖皆亨此亨一胖者以其虞不致爵自獻賓已後則無主人主婦及賓已下之俎故唯亨一胖也特牲吉禮鼎鑊皆在門東此云門外之右是門之西未可以吉也愚案此虞實在殯宮即適寢也而曰廟故註曰尊言之也

魚腊爨亞之北上 爨竈○三鑊皆在西方

饎爨在東壁西面 炊黍稷曰饎饎北上上齊于屋宇於虞有亨饎之爨彌吉

〇疏云案特牲云主婦視饎爨于西堂下今在東亦反吉也小斂大斂未有黍稷朔月薦新始有黍稷向吉仍未有爨至此始有亨饎之爨故云彌吉〇饎尺志反

設洗于西階西南水在洗西篚在東反吉也亦當西榮南北以堂深〇吉時設洗皆當東榮

尊于室中北墉下當戶兩甒醴酒酒在東無禁冪用絺布加勺南枋酒在東上醴也絺布葛屬〇冪亡狄反

素几葦席在西序下有几始鬼神也

苴刌茅長五寸束之實于篚饌于西坫上苴猶藉也〇刌度也截也苴刌茅者藉祭之刌茅也度而截之故謂刌茅〇苴子徐反刌七本反

饌兩豆葅醢于西楹之東醢在西一鉶亞之醢在西南面取之得左取葅右取醢便其設之〇疏云一鉶亞之葅以東也尸在奧東面設者西面設於尸前葅在南醢在北今於西楹東饌之葅在東醢在西是南面取之得左葅右醢至尸前西面設之便也

從獻豆兩亞之四籩亞之北上豆從主人獻祝籩從主婦獻尸祝北上葅與棗不東陳別

於正○疏云此從獻豆籩雖文承一鉶之下而云亞之下別云北上是不從鉶東爲次宜於鉶東北以北爲上向南陳之然則東北菹爲首次南醢醢東栗栗北棗棗東棗棗南栗故鄭云北上菹與棗也云不東陳別於正者以二豆與鉶在尸爲獻前爲正此皆在獻後爲非正故東北別也

饌黍稷二敦于階間西上藉用葦席○藉猶薦也古文藉爲席

匜水錯于槃中南流在西階之南簞巾在其東○流匜吐水口也○錯七故反

陳三鼎于門外之右北面北上設扃鼏○門外之右門西也今文扃爲鉉

匕俎在西塾之西○不饌於塾上統於鼎也塾有西者是室南鄉

羞燔俎在內西塾上南順○南順於南面取縮執之便也肝俎在燔東

右陳虞祭牲羞酒醴器具

主人及兄弟如葬服賓執事者如弔服皆即位于門外如朝夕

臨位婦人及內兄弟服卽位于堂亦如之葬服者既夕曰丈夫髽散帶垂也賓執事者賓客來執事也○疏云始虞與葬服同三虞皆同至卒哭則作其喪服乃變麻服葛也賓客來執事以其虞爲喪祭主人未執事案曾子問士則朋友奠不足則取於大功以下○臨力蔭反祝免澡葛絰帶布席于室中東面右几降出及宗人卽位于門西東面南上祝亦執事免者祭祀之禮祝所親也澡治也治葛以爲首絰及帶接神宜變也然則士之屬官爲其長弔服加麻矣至於既卒哭主人變服則除右几於席近南也○祝執事而免者以其身親祭祀之禮不嫌於重也○免音問宗人告有司具遂請拜賓如臨入門哭婦人哭臨朝夕哭主人卽位于堂衆主人及兄弟賓卽位于西方如反哭位既夕曰乃反哭入則升自西階東面衆主人堂下東面北上異於朝夕祝入門左北面不與執事同位接神尊也○上兄弟賓卽位于西方者皆是執事宗人西階前北面當詔

主人及賓之事。○宗人在堂下，是主人在堂時，若主人在室，宗人卽升堂戶外北面。

右主人及賓自門外入卽位

祝盥升取苴降洗之升入設于几東席上東縮降洗觶升止哭縮從也。古文縮爲蹙。主人倚杖入祝從在左西面主人北旋倚杖西序乃入。喪服小記曰：虞杖不入於室，祔杖不升於堂。然則練杖不入於門明矣。贊薦菹醢醢在北主婦不薦，齊斬之服不執事也。曾子問曰：士祭不足，則取於兄弟大功以下者。○疏云：齊斬不執事，唯爲今時至于尸入之後，亦執事兩籩棗栗設于會南，至於祔祭，雖陰厭，亦主婦薦，主人自執事也。佐食及執事盥出舉長在左舉，舉鼎也。長在左，在西方位也。凡事，宗人詔之。鼎入設于西階前東面北上匕俎從設左人抽扃鼏匕佐食及右人載載，載于俎。佐食載，則亦在右矣。今文扃爲鉉，古文鼏爲密。卒杝者逆退復位復賓位也。俎入，設于豆東。魚亞之，腊特。亞次也。今文無之。贊設二敦于俎南，黍其東稷。篚實尊黍也。○西黍東稷，西上，故云尊黍。經言敦，註言篚者，敦有虞氏之器，周制士用之，同姓之士容得從周制用篚。設一鉶于豆南。鉶菜羹也。佐食出，立于戶西。饌已也。今文無于戶西。贊者徹鼎。反于門外。祝酌醴，命佐食啓會。佐食許諾，啓會，郤于敦南，復位。會合也，謂敦蓋也。復位，出立于戶西。今文啓爲開。○特牲、少牢有酒無醴，故厭亦用酒。此酒醴兼設，以醴陰厭，以酒酳尸，亦其異於吉祭也。祝奠觶于鉶南，復位。復位，復主人之左。主人再拜稽首。祝饗，命佐食祭。饗告神饗也。此祭，祭於苴也。饗神辭，記所謂哀子某，哀顯相，夙興夜處不寧，下至適爾皇祖某甫饗是也。○是陰厭饗神辭，詳下記。佐食許諾，鉤袒，取黍稷，祭于苴，三取膚祭，祭如初。祝取奠觶祭，亦如之，不盡，益，反奠之。主人再拜稽首。鉤袒，如今擐衣也。苴

所以藉祭也孝子始將納尸以事其親爲神疑於其位設苴以定之耳或曰苴主道也則特牲少牢當有主象而無何乎**祝**

祝卒主人拜如初哭出復位祝祝者釋孝子祭辭○按上疏云迎尸上釋孝子辭經記無文宜與少牢迎尸祝孝子辭同但稱哀爲異

右設饌饗神是爲陰厭

祝迎尸一人衰絰奉篚哭從尸尸主也孝子之祭不見親之形象心無所繫立尸而主意焉一人主人兄弟檀弓曰既封主人贈而祝宿虞尸○封彼驗反**尸入門丈夫踊婦人踊**踊不同文者有先後也尸入主人不降者喪事主哀不主敬○疏云主人在西序東面衆兄弟西階下亦東面婦人堂上當東序西面見尸有先後故踊有先後**淳尸盥宗人授巾**淳沃也沃尸盥者賓執事者也**尸及階祝延尸**延進也告之以升**尸升宗人詔踊如初**言詔踊如初則凡踊宗人詔之**尸入戶踊如初哭**

止。哭止尊尸。婦人入于房。辟執事者。主人及祝拜妥尸。尸拜遂坐。妥安坐也○妥他果反

右延尸妥尸

從者錯篚于尸左席上。立于其北。北席北也○此篚象特牲肵俎擬為尸盛餘餕尸取奠。左執之。取菹擩于醢。祭于豆間。祝命佐食墮祭。下祭曰墮墮之猶言墮下也周禮曰既祭則藏其墮謂此也今文墮為綏特牲少牢或為羞失古正矣齊魯之間謂祭為墮○尸取奠取祝所反奠于鉶南之觶也左執之者以右手將祭也下祭曰墮謂從俎豆上取下當祭之物以授尸使之祭佐食但下之而已疏以為向下祭之誤佐食取黍稷肺祭授尸。尸祭之。祭奠。祝祝。主人拜如初。尸嘗醴奠之。如初亦祝祝卒乃再拜稽首○其祝辭卽下記云哀子某圭為而哀薦之饗佐食舉肺脊授

尸尸受振祭嚌之左手執之右手將有事也尸食之時亦奠肺脊于豆○右手將有事爲下文祭鉶嘗鉶此肺脊至尸卒食佐食方受之實于篚中間食時亦須奠之于豆祝命佐食邇敦佐食舉黍錯于席上邇近也尸祭鉶嘗鉶右手也少牢月以柶祭羊鉶遂以祭豕鉶嘗羊鉶○此但豕鉶祭之嘗之亦用柶泰羹湆自門入設于鉶南胾四豆設于左博異味也湆肉汁也胾切肉也○鉶南觶北初設時留空處以待泰羹胾設于左正豆之北也尸飯播餘于篚不反餘也古者飯用手吉時播餘于會古文播爲半三飯佐食舉幹尸受振祭嚌之實于篚飯間啗肉安食氣○幹脊也○啗大敢反又三飯舉胳祭如初佐食舉魚腊實于篚尸不受魚腊以喪不備味○又三飯舉肩祭如初後舉肩者貴要成也○周人貴肩故以後舉爲貴要成舉魚腊俎俎釋三个釋猶遺也遺之者君子不盡人之歡不竭人之忠个猶枚也今俗或名枚曰個音相近此腊亦七體如其

凌廷堪云佐食受肺脊之受者盖
亦尸自菹豆授以授之

牲也。○牲七體，魚腊各七，佐食所舉以授尸者，皆盛於篚所餘每俎三个，將以改饌於西北隅也。○个，古貨反。**尸卒食。佐食受肺脊，實于篚。反黍如初設。**九飯而已，士禮也。篚猶吉祭之有所俎。○特牲少牢有所俎，以盛尸所舉牲體，此篚亦盛尸所舉牲體。○所音祈。

右饗尸尸九飯

主人洗廢爵，酌酒酳尸。尸拜受爵。主人北面答拜。尸祭酒，嘗之。爵無足曰廢爵。酳，安食也。主人北面以酳酢，變吉也。凡異者皆變吉。古文酳作酌。○疏云：特牲少牢尸拜受，主人西面拜送，與北面相反。○酳，以刃反。**賓長以肝從，實于俎，縮，右鹽。**縮，從也。從實肝炙於俎也。喪祭進柢。右鹽，於俎近北，便尸取之也。縮執俎，言右鹽，則肝鹽併也。○註右鹽於俎近北，據執俎者而言。左肝右鹽，西面向尸，則鹽在肝之北，併於俎上，故云於俎近北。尸右取肝，左擩鹽為便也。○柢，丁計反。**尸左執爵，右取肝，擩鹽，振祭。**

正喬謂此俎從執之經言左鹽
則肝在左矣是肝鹽並列也

凌廷堪云以特牲少牢經文校之則
士虞加于俎俎字恐是菹字之誤
菹加于菹即菹豆之上[illegible]文不敢從

正喬吉祭主人酳尸尸受酢
喪祭[illegible]

正喬下文主婦[illegible]
是[illegible]
足者[illegible]
無足[illegible]
不[illegible]
無足曰廢[illegible]
無足[illegible]
獨[illegible]
致也

正喬據此注似
經本無右字[illegible]
[illegible]
後人所加[illegible]
[illegible]

嚌之，加于俎。賓降，反俎于西塾，復位。取肝，右手也。加于俎，從其牲體也。以喪不志於味。○加于俎，盛牲體之俎。賓所反，則肝俎也。復位，復西階前衆兄弟之南東面位。尸卒爵，祝受，不相爵。主人拜，尸答拜。不相爵，喪祭於禮畧。相爵者，特牲曰送爵皇尸卒爵。祝酌授尸，尸以醋主人。主人拜受爵，尸答拜。醋，報。○醋，才各反。主人坐祭，卒爵，拜，尸答拜。○主人受酢，當亦北面。筵祝，南面。祝接神，尊也。筵用萑席。主人獻祝，祝拜，坐受爵，主人答拜。獻祝，因反西面位。薦菹醢，設俎。祝左執爵，祭薦，奠爵，興，取肺，坐祭，嚌之，興，加于俎，祭酒，嘗之。肝從，祝取肝擩鹽，振祭，嚌之，加于俎，卒爵，拜，主人答拜。祝坐授主人。今文無擩鹽。○薦設，皆執事者。祝俎不升鼎，詳見下記。授主人者，虛爵也。主人酌獻佐食，佐食北面拜，坐受爵，主人答拜。佐食祭酒，卒爵拜主人答拜受爵出實于篚升堂復位。篚在庭不復入事已也亦因取杖乃東面立。○上文哭時主人升堂西序東面至此獻尸畢不復入室故復東面位也

右主人獻尸并獻祝及佐食

主婦洗足爵于房中酌亞獻尸如主人儀。爵有足輕者飾也昏禮曰內洗在北堂直室東隅。○如主人儀如上文主人酳尸之儀也。自反兩籩棗栗設于會南棗在西。尚棗棗美○自反者自往取之而反也此兩籩及下獻祝籩即上餞時亞豆東西籩也。尸祭籩祭酒如初賓以燔從如初尸祭燔卒爵如初酌獻祝籩燔從獻佐食皆如初以虛爵入于房。初主人儀

右主婦亞獻

賓長洗繶爵三獻燔從如初儀繶爵口足之間有篆文彌飾○當亦兼獻祝及佐食

右賓長三獻

婦人復位復堂上西面位事已尸將出當哭踊祝出戶西面告利成主人哭西面告告主人也利猶養也成畢也言養禮畢也不言養禮畢於尸間嫌皆哭丈夫婦人於主人哭斯哭矣祝入尸謖祝入而無事尸則知起矣不告尸者無遺尊者之道也古文謖或爲休○謖所六反從者奉篚哭如初初哭從尸祝前尸出戶踊如初降堂踊如初出門亦如之前道也如初者出如入降如升三者之節悲哀同

右祝告利成尸出

祝反入徹設于西北隅如其設也几在南厞用席改設饌者不知鬼神之節

改設之庶幾歆饗所以爲厭飫也几在南變右文明東面不南面漸也厞隱也于厞隱之處從其幽闇○如其設謂改設尸之薦俎敦于西北隅次第一如陰厭時設法也註漸也以設几與吉祭同爲向吉之漸厞用席疏以爲以席爲障使之隱較註有異○厞扶未反厭一豔反**祝薦席徹入于房祝自執其俎出**徹薦席者執事者祝薦席則初自房來○**贊闔牖戶**鬼神尚居幽闇或者遠人乎贊佐食者

右改設陽厭

主人降賓出宗人詔主人降賓則出廟門**主人出門哭止皆復位**門外未入位**宗人告事畢賓出主人送拜稽顙**送拜者明于大門外也賓執事者皆去卽徹室中之饌者兄弟也

右禮畢送賓

記

虞沐浴不櫛。沐浴者將祭自潔清不櫛未在於飾也唯三年之喪不櫛期以下櫛可也今文曰沐浴

陳牲于廟門外北首西上寢右。言牲腊在其中西上變吉寢右者當升左胖也腊用枇檀弓曰既反哭主人與有司視虞牲○疏云案少牢二牲東上是吉祭東上

日中而行事。朝葬日中而虞君子舉事必用辰正也再虞三虞皆質明

記沐浴陳牲及舉事之期

殺于廟門西主人不視豚解。主人視牲不視殺凡為喪事畧也豚解解前後脛脊脅而已熟乃體解升於鼎也今文無廟○疏云特牲吉祭故主人視牲又視殺

羹飪升左肩臂臑肫胳脊脅離肺膚祭三取諸左膉上肺祭一實于上鼎。肉謂之羹飪熟也脊脅正脊正脅也喪禮

胥七體耳離肺舉肺也少牢饋食禮曰舉肺一長終肺祭肺三皆刌膉脰肉也古文曰左股上字從肉從殳殳矛之殳聲○士之正祭禮九體此七體故云胥引少牢禮明此舉肺祭肺之制亦然膚祭擇肉之美者以備祭○肫音純膉音益

升魚鱄鮒九實于中鼎差減之○特牲魚十有五此略而用九**升腊左胖髀不升實于下鼎**腊亦七體牲之類**皆設扃鼏陳之**嫌既陳乃設扃鼏也今文扃作鉉古文鼏作密**載猶進柢魚進鬐**猶猶士喪既夕言未可以吉也柢本也鬐脊也今文柢為胝古文鬐為耆○吉祭牲進下魚進腴變於食生此喪祭與吉反是未異於生人也**祝俎髀脰脊脅離肺陳于階間敦東**不升於鼎賤也統於敦明神惠也祭以離肺下尸○尸祭用刌肺

記牲殺體數鼎俎陳設之法

湻尸盥執槃西面執匜東面執巾在其北東面宗人授巾南面

槃以盛棄水爲淺汙人也執巾不授巾卑也○淺音義如濺○淺音箭

記沃尸面位

主人在室則宗人升戶外北面當詔主人室事○經唯言主人在堂宗人所詔之事佐食無事則出戶負依南面室中尊不空立戶牖之間謂之依

記宗人佐食面位

鉶芼用苦若薇有滑夏用葵冬用荁有柶苦苦荼也荁堇類也乾則滑夏秋用生葵冬春用乾荁古文苦爲枯今文或作芐○荁音丸夏葵冬荁皆所以爲滑也芼音毛豆實葵菹菹以西蠃醢籩棗烝栗擇棗烝栗擇則菹刌也棗烝栗擇則豆不楬籩有縢也

記鉶芼與豆籩之實

尸入，祝從。尸祝在主人前也。嫌如初時主人倚杖入祝從之。初時主人之心尙若親存，宜自親之。今既接神，祝當詔侑尸也。尸坐不說屨。侍神不敢燕惰。尸謖，祝前，鄉尸。前道也。祝道尸必先鄉之，爲之節。還，出戶，又鄉尸；還，過主人，又鄉尸；還，降階，又鄉尸。過主人，則西階上。不言及階，明主人見尸有蹙踖之敬。降階，還，及門，如出戶。及，至也。言還至門，明其間無節也。降階如升時，將出門如出戶時，皆還向尸也。每將還，必有辟退之容。凡前尸之禮儀在此。○祝之道尸，必先以面鄉尸，乃轉身前行，謂之還。上降階，謂正降時，此時祝以面鄉尸；下降階，謂既降時，祝則轉身前行，直至及門，乃又鄉尸也。尸出，祝反，入門左，北面復位，然後宗人詔降。○復位，上文祝入門左北面之位。詔降，詔主人降。尸服卒者之上服。上服者，如特牲士玄端也。不以爵弁服爲上者，祭於君之服，非所以自配鬼神。士之妻則宵衣耳。男，男尸；女，女尸，必使異姓，不使賤者。異姓，婦也。賤者，謂庶孫之妾也。尸配尊者，必使適也。○喪祭男女別尸。吉祭則共尸。必使異姓。謂女尸以婦不以族女。

記虞尸儀服與侍尸之儀爲尸之人

無尸則禮及薦饌皆如初無尸。謂無孫列可使者也。殤亦是也。禮。謂衣服即位升降。○喪祭而無尸者。其衣服位面升降之禮。與薦饌之具皆與有尸者同。**既饗祭于苴祝祝卒**記異者之節。**不綏祭無黍羹湆胾從獻**不綏言獻記終始也。事尸之禮。始於綏祭。終於從獻。綏當爲墮。**主人哭出復位**於祝祝卒。○其不同者。當饗祝既卒。無墮祭以下事尸之禮。主人即哭出復戶外東面位。**祝闔牖戶降復位于門西**門西北面位也。**男女拾踊三**拾更也。三更踊。○疏云。凡言更踊者。主人踊。主婦踊。賓乃踊。三者三爲拾也。○拾其業反。**如食間**隱之如尸一食九飯之頃也。**祝升止哭聲三啓戶**聲者。噫歆也。將啓戶。警覺神也。今文啓爲開。**主人入**親之。**祝從啓牖鄉如初**牖先闔後啓。扇在內也。鄉。

案鄭君云葬以柔日即於葬日虞葬日必虞而言用柔日者對下三虞卒哭用剛日也

牖一名也如初者主人入祝從在左**主人哭出復位**堂上位也○仍前戶外東面**卒徹祝佐食降復位**祝復門西北面位佐食復西方位不復設西北隅者重閉牖戶褻也**宗人詔降如初**初贊闔牖戶宗人詔主人降之○禮畢降堂宗人詔之亦如上經也

右虞祭無尸者陰厭之儀

始虞用柔日葬之日日中虞欲安之柔日陰取其靜○古人葬日例用柔日**曰哀子某哀顯相夙興夜處不寧**曰辭也祝祝之辭也喪祭稱哀顯相助祭者也顯明也相助也詩云於穆清廟肅雝顯相不寧悲思不安**敢用絜牲剛鬣**敢昧冒之辭豕曰剛鬣**香合**黍也大夫士於黍稷之號合言普淖而已此言香合蓋記者誤爾辭次黍又不得在薦上○疏云曲禮所云黍稷別號是人君法**嘉薦普淖**嘉薦菹醢也普淖黍稷也普大也淖和也德能大和乃有黍稷故以爲號云○淖女孝反音鬧**明齊溲酒**明齊新水也言以新水溲釀此

賈疏特牲言黍稷合言普淖此別於黍爲香合故知是誤也

正高案哀薦祫事適爾
皇祖某甫十字後人多以爲祔
辭之錯簡似有誤

酒也郊特牲曰明水涚齊貴新也或曰當爲明視謂
兎腊也今文曰明粢粢稷也皆非其次今文溲爲醙
哀薦祫事
始虞謂之祫事者主欲合先祖也
以與先祖合爲安今文曰古事
適爾皇祖某甫
爾女也女死
者告之以適
皇祖所以安之也皇君也
某甫皇祖字也若言尼甫
饗
勸强
之也
再虞皆如初曰哀薦虞事
丁
日
葬則己日再虞其祝辭異者一言耳
○皆如初謂用日祝辭皆與初虞同
三虞卒哭他用剛日亦如初曰哀薦成事
當祔於祖廟爲神安於此後虞改用剛日剛日
陽也陽取其動也士則庚日三虞壬日卒哭其
祝辭異者亦一言耳他謂不及時而葬者喪服小記曰報葬者
報虞三月而後卒哭然則虞卒哭之間有祭事者亦用剛日其
祭無名謂之他者假設言之文不在卒哭上者以其非常也令
正者自相亞也檀弓曰葬日中而虞弗忍一日離也是日也以
虞易奠卒哭曰成事是日也以吉祭易喪祭明日祔於祖父如
是虞爲喪祭卒哭爲吉祭今文他爲宅○愚按鄭以經文他字
爲有非常之祭似涉强解此殆羨文不然當
在亦字上謂他祝辭耳○報讀爲赴疾之赴

記三虞卒哭用日不同及祝辭之異者

獻畢未徹乃餞 卒哭之祭既三獻也餞送行者之酒詩云出宿于泲飲餞于禰尸旦將始祔于皇祖是以餞送之古文餞爲踐○卒哭祭之明日將祔于廟故卒哭祭畢餞之於寢門之外此下所記卽其儀也 尊兩甒于廟門外之右少南水尊在酒西勺北枋 少南將有事於北有玄酒卽吉也此在西尙凶也言水者喪質無鼏不久陳古文甒爲廡也○廟門寢門也 洗在尊東南水在洗東篚在西 在門之左又少南 饌籩豆脯四脡 酒宜脯也古文脡爲挺○脯以爲籩實也 有乾肉折俎二尹縮祭半尹在西塾 乾肉牲體之脯也如今涼州烏翅矣折以爲俎實優尸也尹正也雖其折之必使正縮從也古文縮爲蹙○二正體縮陳俎上又截正體之半以備授祭 尸出執几從席從 祝入亦告利成入前尸尸乃出几席素几葦席也以几席從執事也 尸出門右南面 俟設席也 席設于尊西北東面

几在南。賓出復位。將入臨之位士喪禮賓繼兄弟北上門東北面西上門西北面東上西方東面北上主人出。即位于門東少南。婦人出。即位于主人之北。皆西面哭不止。婦人出者重餞尸○疏云婦人有事自堂及房而已今出寢門之外故云重餞尸也尸即席坐。唯主人不哭。洗廢爵。酌獻尸。尸拜受。主人拜送。哭復位。薦脯醢。設俎于薦東。胊在南。胊脯及乾肉之屈也屈者在南變於吉○曲禮云以脯脩置者左胊右末是吉時屈者在左今尸東面而云胊在南則屈在右末在左故云變於吉也○胊其俱反尸左執爵。取脯擩醢。祭之。佐食授嚌。授乾肉之祭尸受振祭。嚌反之。祭酒。卒爵。奠于南方。反之反於佐食佐食反之於俎尸奠爵禮有終爵不酢而奠之是爲禮有終○主人及兄弟踊。婦人亦如之。主婦洗足爵。亞獻如主人儀。無從。踊如初。賓長洗繶爵。三獻如亞獻。

踊如初。佐食取俎實于篚。尸謖。從者奉篚哭從之。祝前哭者皆從。及大門內踊如初。男女從尸。男由左。女由右。及至也。從尸不出大門者。由廟門外無事尸之禮也。古文謖作休。尸出門哭者止。以餞於外。大門猶廟門。賓出。主人送拜稽顙。送賓拜於大門外。○從尸不出大門者。有事尸限送賓大門外。自是常禮。但禮有終。賓無答拜之禮也。主婦亦拜賓。女賓也。不言出。不言送。拜之於闈門之內。闈門。如今東西掖門。丈夫說經帶于廟門外。既卒哭當變麻。受之以葛也。夕日。則服葛者爲祔期。今文說爲稅。○是日之夕。主人因告賓祔期。則服葛帶也。入徹。主人不與。入徹者兄弟大功以下。言主人不與。則知丈夫婦人在其中。古文與爲豫。婦人說首經。不說帶。不說帶。齊斬婦人帶不說也。婦人少變而重帶。帶下體之上也。大功小功者葛帶時亦不說者。未可以輕文變於主婦之質。至祔葛帶以即位。檀弓曰。婦人不葛帶。○檀弓所言。亦謂婦人服齊斬者。大功以下。是日雖不說麻。明日祔祭。則葛帶以即位矣。無尸則不

正義記不言三虞者三虞在卒哭前舉卒哭可以該之也

餞猶出几席設如初拾踊三以餞尸者本爲送神也丈夫婦人亦從几席而出古文席爲筵○雖無尸送神不異故云如初哭止告事畢賓出

記卒哭祭畢餞尸與無尸可餞者送神之禮

死三日而殯三月而葬遂卒哭謂士也雜記曰大夫三月而葬五月而卒哭諸侯五月而葬七月而卒哭此記更從死起異人之間其義或殊○疏云士三日殯三月葬皆通死日死月數是以士之卒哭在三月內大夫以上殯葬除死日死月數大夫三月葬除死月則通四月又有五虞則卒哭在五月諸侯以上可知註異人謂記者不一人故言有更端將旦而祔則薦薦謂卒哭之祭○旦謂明日之旦卒辭曰哀子某來日某隮祔爾于爾皇祖某甫尚饗卒辭卒哭之祝辭隮升也尚庶幾也不稱餞明主爲告祔也今文隮爲齊○疏云迎尸之前祝釋孝子辭云爾女子曰皇祖妣某氏女孫祔於祖母婦曰孫婦于

正為祔有一定之次昭祔昭穆祔穆設若所祔之昭無可祔則間穆所而仍祔於昭所謂祔必以其昭穆之亡則中一以上也

補空充之虞之致爵練之旅酬祔在虞練之間容得致爵故主婦以下有俎

皇祖姑某氏。不言爾曰孫婦，差疏也。其他辭一也。來日某隮祔，尚饗。饗辭曰：哀子某，圭爲而哀薦之饗。饗辭，勸強尸之辭也。圭，絜也。詩曰：吉圭爲饎。凡吉祭饗尸曰孝子。○疏云：祔及練、祥吉祭，其辭亦用此，但改哀爲孝耳。

記卒哭祭告祔於神之辭與饗尸之辭

明日以其班祔。卒哭之明日也。班，次也。喪服小記曰：祔必以其昭穆，亡則中一以上。凡祔已復于寢，如既祫，主反其廟，練而後遷廟。古文班或爲辨，辨氏姓或然，今文爲胖。○疏云：祔祭與練祭，祭在廟，祭訖，主反於寢，其大祥與禫祭，其主自然在寢祭之。案下文禫月逢四時吉祭之月，即得在廟祭，但未配而已。沐浴櫛搔翦。彌自飾也。搔當音爪。今文曰沐浴搔翦，或爲蚤揃，揃或爲鬋。○搔註音爪，翦子淺反。用專膚爲折俎，取諸脰膉。專猶厚也。折俎謂主婦以下俎也。體盡人多，折骨以爲之。今以脰膉貶於純吉。今文字爲折俎，而說以爲肵俎，亦甚誣矣。古文脰膉爲頭益也。

○吉祭折俎用體骨此用膚爲不同○膉音益**其他如饋食**如特牲饋食之事或云以左胖虞右胖祔今此如饋食則尸俎肵俎皆有肩臂豈復用膚臂乎其不然明矣○疏云上文有俎則夫婦致爵以祔時變麻服葛其辭稱孝夫婦致爵與特牲同註或云以下鄭君以經文破當時左胖虞右胖祔之說也**用嗣尸**虞祔尚質未暇筵尸○用嗣尸者從虞至祔相繼嗣而用一尸也**曰孝子某孝顯相夙興夜處小心畏忌不惰其身不寍**稱孝者吉祭**用尹祭**尹祭脯也大夫士祭無云脯者今不言牲號而云尹祭亦記者誤矣**嘉薦普淖普薦溲酒**普薦鉶羹不稱牲記其異者今文溲爲醙**適爾皇祖某甫以隮祔爾孫某甫尚饗**欲其祔合兩告之曾子問曰天子崩國君薨則祝取羣廟之主而藏諸祖廟禮也卒哭成事而後主各反其廟然則士之皇祖於卒哭亦反其廟無主則反廟之禮未聞以其幣告之乎○上句告死者下句謂皇祖

記祔祭之禮與告祔之辭

朞而小祥小祥祭名祥吉也檀弓曰歸祥肉古文朞皆作基曰薦此常事祝辭之異者言常者朞而祭禮也古文常爲祥○此謂練祭又朞而大祥曰薦此祥事又復也○初喪至此二十五月中月而禫中猶閒也禫祭名也與大祥閒一月自喪至此凡二十七月禫之言澹澹然平安意也古文禫或爲導○禫徒感反是月也吉祭猶未配是月是禫月也當四時之祭月則祭猶未以某妃配某氏哀未忘也少牢饋食禮祝祝曰孝孫某敢用柔毛剛鬣嘉薦普淖用薦歲事于皇祖伯某以某妃配某氏尚饗○疏云謂是禫月得禫祭仍在寢此月當四時吉祭之月則於廟行四時之祭於羣廟而猶未得以某妃配註引少牢祝辭明吉祭用配之常也

記小祥大祥禫祭吉祭之節與祝辭之異

以歲時祭其祖禰之禮

儀禮　鄭氏註　濟陽張爾岐句讀

特牲饋食禮第十五

鄭目錄云特牲饋食之禮謂諸侯之士祭祖禰非天子之士而於五禮屬吉禮○註疏本不詳他書目次吳氏補之云大戴第七小戴第十三別錄第十五疏云案曲禮云大夫以索牛士以羊豕彼天子大夫士此儀禮特牲少牢故知是諸侯大夫士也祭法云適士二廟官師一廟官師謂中下之士祖禰共廟亦兼祭祖無問一廟二廟皆先祭祖後祭禰若祭無問尊卑廟數多少皆同日而祭畢以此及少牢惟筮一日

特牲饋食之禮不諏日○祭祀自孰始曰饋食饋食者食道也諏謀也士賤職褻時至事暇可以祭則筮其日矣不如少牢大夫先與有司於廟門諏丁巳之日○祭祀自孰始曰饋食者初祭即薦飪孰之牲體及黍稷是用生人食道以事其親若天子諸侯之祭先有灌鬯朝踐饋獻之事至迎尸後乃進孰體黍稷也不諏日者不預諏前月下旬之丁巳以筮來月上旬之丁巳但可以筮則筮而已自此以下筮日筮尸宿尸宿賓視濯與牲凡五節皆祭前戒備之事○諏子須反

及筮日，主人冠端玄，即位于門外，西面。冠端玄，玄冠玄端。下言玄者，玄冠有不玄端者。門謂廟門。○玄冠有不玄端者，助祭者玄冠而著朝服是也。此則冠與端皆玄。子姓兄弟如主人之服，立于主人之南，西面北上。所祭者之子孫。言子姓者，子之所生。小宗祭而兄弟皆來與焉，宗子祭則族人皆侍。有司羣執事如兄弟服，東面北上。士之屬吏也。○疏云：左傳云，士有隷子弟，謂此。席于門中，闑西閾外。爲筮人設之也。古文闑作槷，閾作蹙。筮人取筮于西塾，執之，東面受命于主人。筮人，官名也。筮，問也。取其所用問神明者，謂蓍也。宰自主人之左贊命，命曰：孝孫某，筮來日某，諏此某事，適其皇祖某子，尚饗。宰，羣吏之長。自，由也。贊，佐也。達也。贊命由左者，爲神求變也。士祭曰歲事，此言某事，又不言妃者，容大祥之後，禫月之吉祭。皇，君也。言君祖者，尊之也。某子者，祖字也，伯子、仲子也。尚，庶幾也。○疏云：少儀曰，贊幣自左，詔辭自右。此祭祀宰自左贊命，爲神求吉，故變於常禮也。筮者許諾，還，卽席，西面坐，卦者在左。卒筮，寫卦，筮者執以示主人。士之筮者坐，著短由便。卦者，主畫地識爻，爻備，以方寫之。主人受視，反之。反，還。筮者還，東面，長占，卒，告于主人：「占曰吉。」長占，以其年之長幼旅占之。若不吉，則筮遠日，如初儀。遠日，旬之外日。宗人告事畢。

右將祭筮日

前期三日之朝，筮尸，如求日之儀。命筮曰：「孝孫某，諏此某事，適其皇祖某子，筮某之某爲尸，尚饗。」三日者，容宿賓視濯也。某之某者，字尸父而名尸，連言其親，庶幾其馮依之也。大夫士以孫之倫爲尸。○云三日者容宿賓視濯也者，爲筮尸之後，祭日之前，有二日，容此二事也。必連言尸之父者，尸父與所祭者彌親，欲其神馮依之也。

右筮尸

乃宿尸宿讀爲肅肅進也進之者使知祭日當來凡宿或作速記作肅周禮亦作宿主人立于尸外門外子姓兄弟立于主人之後北面東上不東面者來不爲賓客子姓立于主人之後上當其後○子姓東頭爲上者立當主人之後不得過主人也尸如主人服出門左西面不敢南面當尊主人辟皆東面北上順尸○隨順尸意也主人再拜尸答拜主人先拜尊尸○疏云此決下文宿賓賓先拜主人乃答拜今此尊尸是以主人先拜也案少牢宿尸祝先釋辭訖尸乃拜此尸答拜後宗人乃擯辭者士尸卑大夫之尸尊宗人擯辭如初卒曰筮子爲某尸占曰吉敢宿宗人擯者釋主人之辭如初者如宰贊命筮尸之辭卒曰者著其辭所易也○如初者如初筮尸曰孝孫某諏此某事適其皇祖某子乃易去下二語而曰筮子爲某尸占曰吉敢宿祝許諾致命受宗人辭許之傳命於尸始宗人祝北面

至於傳命皆西面受命東面釋之。尸許諾，主人再拜稽首。其許亦宗人受於祝而告主人。尸入，主人退。相揖而去，尸不拜送，尸尊。

右宿尸

宿賓，賓如主人服，出門左，西面再拜。主人東面，荅再拜。宗人擯曰：某薦歲事，吾子將涖之，敢宿。薦，進也。涖，臨也。言吾子將臨之，知賓在有司中，今特肅之，尊賓耳。○士前祭二日，選屬吏為賓，特肅一人以備三獻，屬吏必來助祭，故云吾子將涖之。疏云：屬吏有公有司、有私臣，若在門外時，同在門西，東面北上。及其入，為賓及衆賓者，適西階以俟行事。公有司不選為賓者，門西北面；私臣不選為賓，門東北面。賓曰：某敢不敬從。主人再拜，賓荅拜。主人退，賓拜送。

右宿賓

厥明夕，陳鼎于門外，北面北上，有鼏。厥，其也。宿賓之明日夕。門外北面，當門也。古文鼏為密。○宿賓之明日夕，祭前一日之夕也。少牢陳鼎在門東，此當門，士卑，辟大夫也。

棜在其南，南順，實獸于其上，東首。順，猶從也。棜之制，如今大木轝矣，上有四周，下無足。獸，腊也。○特牲三鼎，有豕、魚、腊，腊，野獸之全乾者。○轝音預。

牲在其西，北首東足。其西，棜西也。東足者，尚右也。牲不用棜，以其生。○豕北首東足，寢其左，故云尚右。

設洗于阼階東南，壺禁在東序，豆籩鉶在東房，南上，几席兩敦在西堂。東房，房中之東，當夾北。西堂，西夾室之前近南耳。○大夫士直有東房西室，故他經直言房，不言東。此經特言東房，故註知是房內近東。言當夾北者，兩夾皆堂半以南為之，壁外相望，當夾之北也。西堂，西夾室之前近南，亦謂堂上遙望夾室耳。

主人及子姓兄弟即位于門東，如初。初，筮位也。

賓及眾賓即位于門西，東面北上。不蒙如初者，以賓在而宗人祝不在。○兼之宰在門西，與賓同行，皆與筮位異也。**宗人祝立于賓西北東面南上**事彌至，位彌異。宗人、祝於祭宜近廟。**主人再拜賓答再拜三拜衆賓衆賓答再拜**衆賓再拜者，士賤，旅之，得備禮也。○案有司徹主人降，南面拜衆賓于門東，三拜，衆賓門東北面皆答一拜，是大夫尊，衆賓不得備禮。**主人揖入兄弟從賓及衆賓從即位于堂下如外位**為視濯也。**宗人升自西階視壺濯及豆籩反降東北面告濯具**濯，溉也。不言敦鉶者，省文也。東北面告，緣賓意欲聞也。言濯具，不言絜，以有几席。○主人在東階下，宗人降自西階，宜東面告，乃行至賓南面東北面告者，欲兼聞之於賓也。**賓出主人出皆復外位**為視牲也。**宗人視牲告充雍正作豕**充，猶肥也。雍正，官名也。北面以策動作豕，視聲氣。○雍正，有司之主割烹者。**宗人舉獸尾告備舉鼎鼏告絜**備，具。**請期曰羹飪**肉謂之羹。飪，熟也。謂明日質明時，而曰肉熟，重豫勞賓。宗人既得期，西北面告賓有司。**告事畢賓出主**

儀禮鄭注句讀 特牲第十五 四

人拜送

右視濯視牲

夙興主人服如初立于門外東方南面視側殺。夙早也興起也主人服如初則其餘有不玄端者側殺殺一牲也○自此至立于中庭言祭日陳設及位次之事主人服如初謂玄端也案下記唯尸祝佐食與主人同服賓及兄弟筮日筮尸視濯亦玄端至祭日則皆朝服玄冠緇帶緇韠主婦視饎爨于西堂下。炊黍稷曰饎宗婦爲之爨竈也西堂下者堂之西下也近西壁南齊于坫古文饎作糦周禮作饎亨于門外東方西面北上。亨煑也煑豕魚腊以鑊各一爨詩云誰能亨魚溉之釜鬵○鬵音尋羹飪實鼎陳于門外如初。初視濯也尊于戶東玄酒在西。戶東室戶東玄酒在西尚之凡尊酌者在左○

鄭註云凡尊酌者在左玄酒不酌故在右是以東西爲左右少儀云尊者以酌者之左爲上尊又據酌者北面臨尊而言左右

以西爲左其位置雖同而言有殊也實豆籩鉶陳于房中如初如初者取而實之既而反之執事之俎陳于階間二列北上執事謂有司及兄弟二列者因其位在東西祝主人主婦之俎亦存焉不升鼎者異於神盛兩敦陳于西堂藉用萑几席陳于西堂如初盛黍稷者宗婦也萑細葦古文用爲于○藉慈夜反萑音丸尸盥匜水實于槃中簞巾在門內之右設盥水及巾尸尊不就洗又不揮門內之右象洗在東統于門東西上凡鄉內以入爲左右鄉外以出爲左右○以匜貯水而置之槃待尸盥則執匜沃水而槃承之簞巾簞中貯巾也門內之右門東也祝筵几于室中東面爲神敷席也至此使祝接神主婦纚笄宵衣立于房中南面主婦主人之妻雖姑存猶使之主祭祀纚笄首服宵綺屬也此衣染之以黑其繒本名曰宵詩有素衣朱宵記有玄宵衣凡婦人助祭者同服也內則曰舅沒則姑老冢婦所祭祀賓客每事必請於姑○註引內則者證主婦爲主人之妻也○纚山買反主人及賓兄弟

正義曰上視濯時言賓及衆賓即位于門西東面而不言羣執事此言羣執事而不言衆賓蓋互文見義要皆與有司私臣在門

正義曰特牲祝筵几于室中東面此爲神布席于奧也在室中西南隅東面主人及祝入室後主婦盥于房中薦兩豆葵菹蝸醢在北此薦豆也主人降奉鼎載俎舉牲入後佐食入設于東此豆俎特牲設俎此設俎也及右主婦設兩敦黍稷于俎南西上此設敦也又云及兩鉶芼設于豆南南陳此設鉶也又云祝洗酌奠奠于鉶南此設奠也又云遂命佐食啟會卻于敦南出立于戶西南面此啟會也又云主人再拜稽首此饗神也皆尸未入室之前設饌

羣執事卽位于門外如初。宗人告有司具。具猶辨也。主人拜賓如初。揖入卽位如初。初視濯也。佐食北面立于中庭。佐食賓佐尸食者立于宗人之西○疏云案下記云佐食當事則戶外南面無事則中庭北面此經謂無事時也又云主人行事阼階宗人亦在阼階南擯主人佐食北面於中庭明在宗人之北可知

右祭日陳設及位次

主人及祝升。祝先入。主人從。西面于戶內。祝先入接神宜在前也少牢饋食禮曰祝盥于洗升自西階主人盥升自阼階祝先入南面○自此至主人再拜稽首言主人主婦祝佐食初行陰厭之祭註引少牢者明此經主人及祝盥升面位亦與彼同也主婦盥于房中。薦兩豆葵菹蝸醢。醢在北。主婦盥盥於內洗昏禮婦洗在北堂直室東隅○蝸力禾反宗人遣佐食及執事盥出。命之盥出

熊朋來云陰厭於室之奧陽厭於室之屋漏厭者言神厭飫之陰者未迎尸陽厭尸已謖故云厭之時無尸大抵神曰無尸者厭也

盛世佐云宗人既遣佐食及執事盥遂盥而出矣

當助主人及賓舉鼎。**主人降，及賓盥出。主人在右，及佐食舉牲鼎。賓長在右，及執事舉魚腊鼎。除鼏。**及，與也。主人在右，統於東。主人與佐食者，賓尊不載。少牢饋食禮魚用鮒，腊用麋，士腊用兔。○疏云：鼎在門外北上，東爲右人，西爲左人。右人尊，入時在鼎前；左人卑，入時在鼎後，又載牲體于俎，又設俎神坐前。主人升，乃以東爲主。今在堂下，主人在右，故云統於東也。賓主當相對爲左右，以賓尊不載牲體，故使佐食對主人，使賓爲右人，而使執事在左而載也。○鮒音附。**宗人執畢先入，當阼階南面。**畢狀如叉，蓋爲其似畢星取名焉。主人親舉，宗人則執畢導之，既錯，又以畢臨匕載，備失脫也。雜記曰：朼用桑，長三尺；畢用桑，長三尺，刊其本與末。朼、畢同材明矣。今此朼用棘心，則畢亦用棘心。舊說云：畢似御他神物，神物惡桑叉，則少牢饋食及虞無叉，何哉？此無叉者，乃主人不親舉耳。少牢，大夫祭，不親舉；虞，喪祭也，主人未執事。祔、練、祥，執事用桑叉，自此純吉，用棘心叉。○朼音匕。**鼎西面錯，右人抽扃，委于鼎北。**右人，謂主人及二賓。既錯，皆西面俟也。**贊者錯俎，加匕。**

贊者執俎及匕從鼎入者，其錯俎東縮，加匕東柄，既則退而左人北面也。○少牢云：俎皆設于鼎西，西肆。又云：匕皆加于鼎東枋。

乃朼。

右人也。尊者於事指使可也。左人載之。

佐食升肵俎，鼏之，設于阼階西。

肵謂心舌之俎也。郊特牲曰：肵之爲言敬也。言主人之所以敬尸之俎。古文鼏皆作密。○肵音祈。

卒載，加匕于鼎。

卒，已也。已載，畢亦加焉。

主人升，入復位。俎入設于豆東，魚次，腊特于俎北。

入設俎，載者。腊特，饌要方也。凡饌必方者，明食味人之性所以正。○俎入設于豆東，豕俎當菹豆之東也。魚次，魚又次豕東也。腊特俎北，則與醢相直而正方。

主婦設兩敦黍稷于俎南，西上，及兩鉶芼設于豆南，南陳。

宗婦不贊敦鉶者，以其少，可親之。芼，菜也。

祝洗，酌奠，奠于鉶南，遂命佐食啓會。佐食啓會，卻于敦南，出立于戸西，南面。

酌奠，奠其爵觶。少牢饋食禮啓會乃奠之。○會，古外反。

主人再拜稽首。祝在左。

稽首，服之甚者。祝在左，當爲主人釋辭於神也。祝祝曰：孝

孫某敢用剛鬣嘉薦普淖用薦某事於皇祖某子尚饗○淖女孝反卒祝主人再拜稽首

右陰厭

祝迎尸于門外。尸自外來代主人接之就其次而請不拜不敢與尊者為禮周禮掌次凡祭祀張尸次○自此以下。言迎尸入行正祭。初尸食九飯次主人酳尸。次主婦亞獻尸。次賓長三獻尸。次獻賓及兄弟。次長兄弟為加爵。次衆賓長為加爵。次嗣舉奠。次旅酬。次佐食獻尸。凡十節。事尸者八節。其獻賓及兄弟與旅酬。皆承尸意而行神惠者也。此九飯節內。有妥尸祝饗。有挼祭。有初三飯。有再三飯。有終三飯。有盛斯俎。又其六細節。主人降立于阼階東。主人不迎尸。成尸尊。尸。所祭者之孫也。祖之尸則主人乃宗子。禰之尸則主人乃父道。事神之禮。廟中而已。出迎則為厭。○厭一葉反

尸入門左北面盥。宗人授巾。侍盥者執其器就之。執簞者不授巾。賤也。宗人授巾。庭長尊。少牢饋食禮曰。祝先入門右。尸入門左。○盥器設門右。今尸入門左。各執器就尸盥也。尸至于階。祝延尸。尸升。

儀禮鄭注句讀 特牲第十五 七

丘二案入入室也祝先于主人而後于尸是其入之序也

凌廷堪云凡尸未食前之祭謂之隋祭又謂之挼祭

倬案王沈圖精篇出西漢句本已如是矣

儀禮鄭註句讀 七

入。祝先主人從延進在後詔侑曰延禮器所謂詔侑武方者也少牢饋食禮曰尸升自西階入祝從主人升自阼階祝先入主人從○詔侑武方彼註武無也引少牢者見此經尸入次序與彼同法也○武音無尸即席坐主人拜妥尸妥安尸坐也尸答拜執奠祝饗主人拜如初饗勸彊之也其辭取于士虞記則宜云孝孫某圭爲孝薦之饗舊說云明薦之○以上安尸祝饗○彊其丈反祝命挼祭尸左執觶右取菹擩于醢祭于豆間命詔尸也挼祭祭神食也士虞禮古文曰祝命佐食墮祭周禮曰既祭則藏其墮墮與挼讀同耳擩醢者染於醢○鄉者設饌陰厭以飫神今尸來當食神食故先挼祭之也挼陸氏作許恚反註云墮挼讀同墮亦作呼同反墮取降下挼取切摩各於祭義有似也○挼註音墮擩如悅反佐食取黍稷肺祭授尸尸祭之祭酒啐酒告旨主人拜尸奠觶答拜肺祭刌肺也旨美也祭酒穀味之芬芬者齊敬共之惟恐不美告之美達其心明神享之祭鉶嘗之告旨主人拜尸答拜鉶肉味之有菜和者。曲禮客絮羹。主人辭不能亨。○以上尸挼祭。祝命爾敦。佐食爾黍稷于席上。爾，近也。近之，便尸之食也。設大羹湇于醢北。大羹湇，煑肉汁也。不和，貴其質，設之所以敬尸也。不祭不嚌，大羹不爲神，非盛者也。士虞禮曰：大羹湇自門入。今文湇皆爲汁。○疏曰：云醢北者，爲薦左。案公食大夫、昏禮，大羹湇皆在薦右。此在左者，神禮變於生人。舉肺脊以授尸。尸受，振祭，嚌之，左執之。肺，氣之主也。脊，正體之貴者。先食啗之，所以導食通氣。乃食，食舉。舉言食者，明凡解體皆連肉。○舉，肺脊也。從俎舉向口，因名爲舉。主人羞肵俎于腊北。肵俎主於尸，主人親羞，敬也。神俎不親設者，貴得賓客以神事其先。尸三飯，告飽。祝侑，主人拜。三飯告飽，禮一成也。侑，勸也。或曰：又勸之使又食。少牢饋食禮侑辭曰：皇尸未實，侑也。○尸三飯。佐食舉幹，尸受，振祭，嚌之。佐食受，加于肵俎。舉獸幹、魚一，亦如之。幹，長脅也。獸，腊。其體數與牲同。尸實舉于菹豆。爲將食庶羞。舉，謂肺脊。佐食羞庶

儀禮鄭註句讀 《特牲第十五》 八

羞四豆設于左南上有醢 庶衆也衆羞以豕肉所以為異味四豆者膮炙胾醢南上者以膮炙為上以有醢不得綷也

尸又三飯告飽祝侑之如初 禮再成也。 舉骼及獸魚如初尸又三飯告飽祝侑之如初 禮三成獸魚如初者獸骼魚一也 舉肩及獸魚如初 不復飯者三三者士之禮大成也舉先正脊後肩自上而卻下綷而前終始之次也。尸又三飯不復飯

佐食盛所俎俎釋三个 佐食取牲魚腊之餘盛於所俎將以歸尸俎釋三个為改饌於西北隅遺之所釋者牲腊則正脊一骨長脅一骨及臑也魚則三頭而已个猶枚也今俗言物數有若干個者此讀然 舉肺脊加于所俎反黍稷于其所 尸授佐食佐食受而加之反之也肺脊初在菹豆。佐食盛所俎

右尸入九飯

主人洗角升酌酳尸 酳猶衍也是獻尸也云酳者尸既卒食又欲頤衍養樂之不用爵者下大夫也因父

子之道質而用角角加人事略者今文酳皆爲酌○此初獻節內有主人獻尸有尸酳主人且親嘏有主人獻祝主人獻佐食凡四細節**尸拜受主人拜送尸祭酒啐酒賓長以肝從**肝肝炙也古文無長○疏云此直云肝從亦當如少牢賓長羞牢肝用俎縮執俎肝亦縮進末鹽在右**尸左執角右取肝擩于鹽振祭嚌之加于菹豆卒角祝受尸角曰送爵皇尸卒爵主人拜尸答拜**曰送爵者節主人拜○主人獻尸**祝酌授尸尸以醋主人**醋報也祝酌不洗尸不親酌尊尸也古文醋作酢**主人拜受角尸拜送主人退佐食授挼祭**退者進受爵反位尸將嘏主人佐食挼之挼祭亦使祭尸食也其挼祭亦取黍稷肺祭古文挼作綏**主人坐左執角受祭祭之祭酒啐酒進聽嘏**聽猶待也受福曰嘏嘏長也大也待尸授之以長大之福也○嘏古雅反**佐食搏黍授祝祝授尸尸受以菹豆執以親嘏主人**獨用黍者食之主其

辭則少牢饋食禮有焉○少牢云祝以嘏于主人曰皇尸命工祝承致多福無疆于女孝孫來女孝孫使女受祿于天宜稼于田眉壽萬年勿替引之彼命祝致嘏故云皇尸命工祝此尸親嘏當省去此語直用承致多福以下○搏大官反

主人左執角再拜稽首受復位詩懷之實于左袂挂于季指卒角拜尸答拜詩猶承也謂奉納之懷中季小也實于左袂挂袪以小指者使卒角也少牢饋食禮曰興受黍坐振祭嚌之○引少牢文明此亦當興受坐祭復嚌之也○挂俱賣反

主人出寫嗇于房祝以籩受變黍言嗇因事託戒欲其重稼嗇嗇者農力之成功○尸酢主人且親嘏

筵祝南面主人自房還時

主人酌獻祝祝拜受角主人拜送設菹醢俎行神惠也先獻祝以接神尊之菹醢皆主婦設之佐食設俎

祝左執角祭豆興取肺坐祭嚌之興加于俎坐祭酒啐酒以肝從祝左執角右取肝擩于鹽振祭嚌之加于俎卒角拜主人答

拜受角○主人獻祝主人酌獻佐食佐食北面拜受角主人拜送佐食坐祭卒角拜主人答拜受角降反于篚升入復位○疏云下記云佐食俎觳折脊脇○主人獻佐食

右主人初獻

主婦洗爵于房酌亞獻尸亞次也次猶貳主婦貳獻不俠拜者士妻儀簡耳○此下主婦亞獻節內有獻尸有尸醋有獻祝有獻佐食亦四節尸拜受主婦北面拜送北面拜者辟內子也大夫之妻拜於主人北西面宗婦執兩籩戶外坐主婦受設于敦南兩籩棗栗棗在西祝贊籩祭尸受祭之祭酒啐酒籩祭棗栗之祭其祭之亦於豆祭兄弟長以燔從尸受振祭嚌之反之燔炙肉也○反之謂反燔于長兄弟羞燔者受加于肵出出者俟後

事也。○侑後事，謂侑主婦獻祝，更當羞燔于祝。尸卒爵，祝受爵，命送如初。送者，送卒爵。○主婦獻尸。

酢如主人儀。尸酢主婦，如主人儀者，自祝酌至尸拜送，如酢主人也。不易爵，辟內子。○少牢尸酢主婦，則易爵也。

主婦適房南面，佐食挼祭，主婦左執爵，右撫祭，祭酒，啐酒，入卒爵，如主人儀。撫挼祭，示親祭，佐食不挼而祭於地，亦儀簡也。入室卒爵，於尊者前成禮，明受惠也。○尸酢主婦。

獻祝，籩燔從，如初儀。及佐食，如初。卒，以爵入于房。及佐食如初，如其獻佐食，則拜主人之北，西面也。○如初，如主人獻佐食之拜位，獻尸，獻祝，皆北面，此獨西面者，以佐食北面，不宜同面拜送也。○主婦獻祝，獻佐食。

右主婦亞獻

賓三獻，如初，燔從如初，爵止。初，亞獻也。尸止爵者，三獻禮成，欲神惠之均於室中，是以奠而待之。

○此下言賓長三獻疏云此一科之內乃有十一爵賓獻尸一也主婦致爵于主人二也主人酢主婦三也主人致爵于主婦四也主婦酢主人五也尸舉奠爵酢賓長六也賓長獻祝七也又獻佐食八也賓又致爵于主人九也又致爵于主婦十也賓受主人酢十一也愚案自主婦致爵主人以下皆所謂均神惠於室中者約略分之爲六節○賓獻尸尸暫止爵

席于戶內爲主人鋪之西面席自房來**主婦洗爵酌致爵于主人主人拜受爵主婦拜送爵**主婦拜拜於北面也今文曰主婦洗酌爵**宗婦贊豆如初主婦受設兩豆兩籩**初贊亞獻也主婦薦兩豆籩東面也**俎入設**佐食設之**主人左執爵祭薦宗人贊祭奠爵興取肺坐絕祭嚌之興加于俎坐挩手祭酒啐酒**絕肺祭之者以離肺長也少儀曰牛羊之肺離而不提心豕亦然挩拭也挩手者爲絕肺染汙也刌肺不挩手古文挩皆作說**肝從左執爵取肝擩于鹽坐振祭嚌之宗人受加于俎燔亦如之興**

吳廷華云以下皆自酢辟尸也祭
統夫婦酬必易爵此爲不異

正義主婦出者謂出室至堂由堂
而入房也于房言反者房是婦人
常處也凡婦人入廟位在房
故也注齊主婦之席于房中
不于室也

敖氏云主人酢亦在房中西面其他
儀皆與主婦自酢時同卒爵則拜
於此與主婦異耳

朱子氏云更爵更房中之爵也庭篚
唯有二爵其一獻尸爵止其一主人
致爵于主婦正義主人取下篚
之爵致于主婦主婦飲訖要爵
篚主人則取內篚之爵自酢從
降奠于下篚者爲實其爵也

正義賓致爵主人主婦乃唯酬主人
者神主於尊者猶主人徧獻賓
而唯酬於賓云也

席末坐卒爵拜於席末坐卒爵敬也一酌而備再從而次之亦均主婦答拜受爵酌醋左執爵拜主人答拜坐祭立飲卒爵拜主人答拜○主婦致爵于主人因自酢主婦出反于房主人降洗酌致爵于主婦席于房中南面主婦拜受爵主人西面答拜宗婦薦豆俎從獻皆如主人主人更爵酌醋卒爵降實爵于篚入復位主人更爵自酢男子不承婦人爵也祭統曰夫婦相授受不相襲處酢必易爵明夫婦之別今文授爲受○主人致爵于主婦更爵自酢三獻作止爵賓也謂三獻者以事命之作起也舊說云賓入戸北面曰皇尸請舉爵尸卒爵酢○賓作爵尸酢賓其酢當亦祝酌尸拜送酌獻祝及佐食○賓獻祝及佐食洗爵酌致于主人主婦燔從皆如初更爵酢于主人卒復位洗乃致爵爲異事新之燔從皆如初者如亞獻及主人主婦致爵也凡獻佐食皆無從其

蔡德晉云初賓三
獻尸止之爵及主人
主婦致之爵畢乃
請尸飲所止之爵

薦俎獻兄弟以齒設之賓更爵自酢亦不承婦人爵○賓致爵主人主婦更爵自酢

右賓三獻

主人降阼階西面拜賓如初洗 拜賓而洗爵爲將獻之如初視濯時主人再拜賓答拜三拜衆賓衆賓答再拜者○此下獻賓獻衆賓設尊酬賓獻長兄弟獻衆兄弟獻內兄弟凡六節以三獻尸訖事神禮成順神意以達惠六節共爲一科其設尊兩階先以酬賓又所以爲旅酬發端也 賓辭洗卒洗揖讓升酌西階上獻賓賓北面拜受爵主人在右答拜 就賓拜者此禮不主於尊也賓卑則不專階主人在右統於其位 薦脯醢設折俎 凡節解者皆曰折俎不言其體略云折俎非貴體也上賓骼衆賓儀公有司設之 賓左執爵祭豆奠爵興取肺坐絕祭嚌之興加于俎坐捝手祭酒卒爵拜主人答拜受爵酌酢奠爵拜賓答拜 主人酌自酢者賓不

敢敵主人主人達其意　主人坐祭卒爵拜賓答拜揖執祭以降西面奠于其位位如初薦俎從設位如初復其位東面少牢饋食禮宰夫執薦以從設于祭東司士執俎以從設于薦東是則皆公有司為之與○賓位在西階下東面今受獻于西階上言位如初明復西階下東面位也　衆賓升拜受爵坐祭立飲薦俎設于其位辯主人備答拜焉降實爵于篚衆賓立飲賤不備禮鄉飲酒記曰立卒爵者不拜既爵備盡盡人之答拜○獻賓及衆賓　尊兩壺于阼階東加勺南枋西方亦如之為酬賓及兄弟行神惠不酌上尊卑異之就其位尊之兩壺皆酒優之先尊東方示惠由近禮運曰澄酒在下　主人洗觶酌于西方之尊西階前北面酬賓賓在左先酌西方者尊賓之義　主人奠觶拜賓答拜主人坐祭卒觶拜賓答拜主人洗觶賓辭主人對卒洗酌西面賓北面拜西面者鄉賓位立於

官獻疏云凡鄉飲射燕無舉奠酬者祭乃有之蓋鄉飲射燕皆主當也不可以求人之欲祭於尸而主家非正也不可不廣神之惠

賈疏記注內賓姑姊妹宗婦族人之婦其夫屬乎者所名故號婦人爲兄弟

西階之前賓所答拜之東北。主人奠觶于薦北。奠酬於薦左非爲其不舉行神惠不可同於飲酒。賓坐取觶還東面拜主人答拜賓奠觶于薦南揖復位。還東面就其位薦西奠觶薦南明將舉○疏曰云揖復位者則初奠時少南於位可知云還東面者則初賓坐取觶薦東西面可知故鄭註云還東面就其位薦西也○設尊酬賓以啓旅酬。主人洗爵獻長兄弟于阼階上如賓儀。酬賓乃獻長兄弟者獻之禮成於酬先成賓禮此主人之義亦有薦脀設于位私人爲之與○疏云長兄弟初受獻于阼階上時亦薦脯醢設折俎於阼階上祭諠乃執以降設于下位皆當如賓儀愚案註疏皆不言酢既云如賓儀當亦主人自酢也。洗獻衆兄弟如衆賓儀。儀則如獻衆賓洗明矣○獻長兄弟及衆兄弟。洗獻內兄弟于房中如獻衆兄弟之儀。內兄弟內賓宗婦也如衆兄弟如其拜受坐祭立飲設薦俎於其位而立內賓位在房中之尊北不殊其長略婦人也有司徹曰主人洗獻內賓於房中南面拜受爵○

又曰主吉婦之爵

戴校集釋云東面下案楊氏拜字考之上經曰北拜主人奠觶于薦北下云主人答拜賓奠觶南可知也爰坐取○觶還東面下乃云賓奠觶于薦南南面者方執觶在手不得拜明矣

下記云尊兩壺于房中西墉下南上內賓立于其北東面南上宗婦北堂東面北上註引有司徹見拜受爵面位與彼同也

主人西面答拜更爵酢卒爵降實爵于篚入復位爵辯乃自酢以初不殊其長也內賓之長亦南面答拜○獻內兄弟

右獻賓與兄弟

長兄弟洗觚爲加爵如初儀不及佐食洗致如初無從大夫士三獻而禮成多之爲加也不及佐食無從殺也致致於主人主婦○此三獻之外復爲加爵云如初儀者如賓長三獻之儀但賓長獻十一爵此長兄弟加獻唯六爵洗觚獻尸一也尸酢長兄弟二也獻祝三也致爵主人四也致爵主婦五也受主人酢六也

右長兄弟加爵

衆賓長爲加爵如初爵止尸爵止者欲神惠之均於在庭○此衆賓長爲加爵云如初亦如賓長三

獻。但尸受爵祭啐之後，即止而不飲，待旅酬西階一觶畢，加爵者乃請尸舉爵。衆賓長，非三獻之賓，在庭衆賓中之長者也。

右衆賓長加爵

嗣舉奠，盥入，北面再拜稽首。嗣，主人將爲後者。舉，猶飲也。使嗣子飲奠者，將傳重累之者。大夫之嗣子不舉奠，辟諸侯。○此下言主人嗣子飲奠獻尸。舉奠者，舉前陰厭時祝所奠於鉶南之爵而飲之。舉奠本言其事，下文遂以目其人，謂嗣爲舉奠。尸執奠，進受，復位，祭酒，啐酒。尸舉肝。舉奠左執觶，再拜稽首，進受肝，復位，坐食肝，卒觶，拜。尸備答拜焉。食肝，受尊者賜，不敢餘也。備，猶盡也。每拜答之，以尊者與卑者爲禮，略其文耳。古文備爲復。舉奠洗酌入，尸拜受。舉奠答拜。尸祭酒，啐酒，奠之。舉奠出，復位。啐之者，答其欲酢己也。奠之者，復神之奠觶。嗣齒於子姓，凡非主人升降自西階。

右嗣舉奠獻尸

兄弟弟子洗酌于東方之尊。阼階前北面舉觶于長兄弟。如主人酬賓儀。弟子。後生也。○此下言旅酬。前主人酬賓。已舉西階一觶。此弟子復舉東階一觶。皆爲旅酬啓端。因於此時告祭設羞。先旅西階一觶。加爵者爵作止爵。次旅東階一觶。又次並旅東西二觶。而神惠均於在庭矣。凡六節。○兄弟弟子舉觶。宗人告祭脀。脀。俎也。所告者。衆賓衆兄弟內賓也。獻時設薦俎于其位。至此禮又殺。告之祭。使成禮也。其祭皆離肺。不言祭豆可知。乃羞。羞。庶羞也。下尸。胾醢豆而已。此所羞者自祝主人至於內賓。無內羞。○告賓祭庶羞。賓坐取觶。阼階前北面。酬長兄弟。長兄弟在右。所取者主人所用酬賓。賓奠于薦南者也。疏曰。賓主相酬。主人常在東。其同在賓中。則受酬者在左。薦南奠觶。○賓奠觶拜。長兄弟答拜。賓立卒觶。酌于其尊。東面立。長兄弟拜受觶。賓北面答拜揖復位其尊長兄弟尊也此受酬者拜亦北面○長兄弟尊阼階東之尊也疏云旅酬無算爵以飲者酬已尊酬人之時酌彼尊長兄弟西階前北面衆賓長自左受旅如初旅行也受行酬也初賓酬長兄弟長兄弟卒觶酌于其尊西面立受旅者拜受長兄弟北面荅拜揖復位衆賓及衆兄弟交錯以辯皆如初儀交錯猶言東西○旅西階一觶爲加爵者作止爵如長兄弟之儀於旅酬之閒言作止爵明禮殺竝作○如長兄弟之儀其受尸酢獻祝致爵主人主婦受主人酢皆同也前作止爵待致爵訖此作止爵在旅酬之閒故註云禮殺竝作○作止爵長兄弟酬賓如賓酬兄弟之儀以辯卒受者實觶于篚賓亦坐取其奠觶此不言交錯以辯賓之酬不言卒受者實觶于篚明其相報禮終於此其文省○此所謂奠觶即上弟子舉於其長者也○旅阼階一觶賓弟子及兄弟弟子洗各酌于其尊中庭北面西上

舉觶于其長。奠觶拜。長皆答拜。舉觶者祭。卒觶拜。長皆答拜。舉觶者洗。各酌于其尊。復初位。長皆拜。舉觶者皆奠觶于薦右。奠觶進奠之于薦右。非神惠也。今文曰奠于薦右。○賓弟子。兄弟弟子。各舉觶於其長。將交相酬。爲無算爵也。長皆執以興。舉觶者皆復位答拜。長皆奠觶于其所。皆揖其弟子。弟子皆復其位。復其位者。東西面位。弟子舉觶於其長。所以序長幼。教孝弟。凡堂下拜。亦皆北面。爵皆無算。算數也。賓取觶酬兄弟之黨。長兄弟取觶酬賓之黨。唯己所欲。亦交錯以辯。無次第之數。因今接會。使之交恩定好。優勸之。○二觶並舉爲無算爵。

右旅酬

利洗散獻于尸。酢及祝。如初儀。降實散于篚。利佐食也。言利以今進酒也。更言獻

依張氏改經義述聞以為張氏改面是也

者以利待尸禮將終宜一進酒嫌於加爵亦當三也不致爵禮又殺也○以進酒名利利者養也

右佐食獻尸

主人出立于戶外西南事尸禮畢**祝東面告利成**利猶養也供養之禮成不言禮畢於尸閒之嫌○疏曰少牢云主人出立于阼階上南面祝出立于西階上東面祝告曰利成此戶外告利成彼階上告利成以尊者稍遠於尸若天子諸侯禮畢於堂下告利成**尸謖祝前主人降**謖起也前猶導也少牢饋食禮曰祝入尸謖主人降立于阼階東西面祝先尸從遂出于廟門前尸之義士虞禮備矣○士虞禮有室中出戶降階出廟前尸之事故云備矣**祝反及主人入復位命佐食徹尸俎俎出于廟門**俎所以載肵俎少牢饋食禮曰有司受歸之**徹庶羞設于西序下**為將餕去之庶羞主為尸非神饌也尚書傳曰宗室有事族人皆侍終日大宗已侍於賓奠然後燕私燕私者何也已而與族人飲也此徹庶羞置西序下者為將以燕飲與然則自尸

儀禮鄭注句讀　特牲第十五

祝至於兄弟之庶羞宗子以與族人燕飲於堂內賓宗婦之庶羞主婦以燕飲於房

右尸出歸尸俎徹庶羞

筵對席佐食分簋鉶為將餕分之也分簋者分敦黍於會為有對也敦有虞氏之器也周制士用虞敦言簋容同姓之士得從周制耳祭統曰餕者祭之末也不可不知也是故古之人有言曰善終者如始餕其是已是故古之君子曰尸亦餕鬼神之餘也惠術也可以觀政矣○此下言嗣子共長兄弟對餕筵對席者對尸席而設筵以待下餕也上餕坐尸席東向此在其東西向

宗人遣舉奠及長兄弟盥立于西階下東面北上

祝命嘗食餕者舉奠許諾升入東面長兄弟對之皆坐佐食授舉各一膚命告也士使嗣子及兄弟餕其惠不過族親古文餕皆作餕○少牢大夫則二佐食及二賓長餕命嘗食即命餕也○

主人西面再拜祝曰餕有以也兩餕奠舉于俎許

餕子峻反

諾皆答拜。以讀如何其久也，必有以也之以。祝告養釋辭以戒之，言女養此，當有所以也，以先祖有德而享于此祭，其坐養其餘，亦當以之也。少牢饋食禮不戒者，非親昵也。舊說曰：主人拜下養席南。若是者三。丁寧戒之。○謂告者三，諾者三，拜者三。皆取舉，祭食，祭舉，乃食，祭鉶，食舉。食乃祭鉶，禮殺。○前正祭之時，尸祭鉶乃爾黍食之。○養食。卒食，主人降洗爵，宰贊一爵，主人升酌，酳上養。上養拜受爵，主人答拜。酳下養，亦如之。少牢饋食禮曰：贊者洗三爵，酌，主人受于戶內，以授次養。舊說云主人北面授下養爵。○引少牢者，欲見此亦主人受于戶內，以授下養。主人拜，祝曰：酳有與也。如初儀。主人復拜，為戒也。與讀如諸侯以禮相與之與，言女酳此，當有所與也。與者，與兄弟也。既知似先祖之德，亦當與女兄弟，謂教化之。○諸侯以禮相與，禮運文。彼言諸侯會同聘問，一德以尊天子。此戒嗣子與長兄弟及眾兄弟相教化，相與以尊先祖之德也。兩養執爵拜。答主人也。○上文曰如初儀，當亦三告三諾，則拜亦當三拜也。祭酒。

卒爵拜主人答拜兩餕皆降實爵于篚。○酳餕上餕洗爵升酌酢主人主人拜受爵。下餕復兄弟位不復升也上餕即位坐答拜既授爵戶內乃就坐主人坐祭卒爵拜上餕答拜受爵降實于篚。○上餕酢主人主人出立于戶外西面。事餕者禮畢

右嗣子長兄弟餕　愚於此節不能無疑嗣子子也主人拜祝拜酳拜受酢如事嚴賓然為之子者何以安乎

祝命徹阼俎豆籩設于東序下。命命佐食阼俎主人之俎宗婦不徹豆籩徹禮略各有為而已設于東序下亦將燕也○此下言徹薦俎改設餕為陽厭祝執其俎以出東面于戶西俟告利成少牢下篇曰祝告利成乃執俎以出宗婦徹祝豆籩入于房徹主婦薦俎宗婦既並徹徹

其卑者士虞禮曰祝薦席徹入于房佐食徹尸薦俎敦設于西北隅几在南厞用筵納一尊佐食闔牖戶降厞隱也不知神之所在或諸遠人乎尸謖而改饌為幽闇庶其饗之所以為厭飫少牢饋食禮曰南面如饋之設此所謂當室之白陽厭也則尸未入之前為陰厭矣曾子問曰殤不備祭何謂陰厭陽厭也○室中未蓑前先已徹去庶羞此時佐食又徹作俎豆籩祝自執其俎出宗婦又徹祝豆籩入房唯餘尸兩薦豆三俎各三个兩敦兩鉶自西南隅改饌於西北隅為陽厭也疏云引少牢者見彼大夫禮陽厭南面此士禮東面雖面位不同當室之白則同又云祭于奧中不得戶明故名陰厭改饌西北隅以向戶明故為陽厭○厭一豔反祝告利成降出主人降即位宗人告事畢

右改饌陽厭

賓出主人送于門外再拜拜送賓也凡去者不答拜佐食徹胙俎堂下俎畢

出。記俎出節兄弟及衆賓自徹而出唯賓俎有司徹歸之尊賓者。○方祝命佐食徹阼俎之時堂下衆俎畢出先徹室中乃徹堂下故云記俎出節也

右禮畢送賓

記

特牲饋食其服皆朝服玄冠緇帶緇韠於祭服此也皆者謂賓及兄弟筮日筮尸視濯亦玄端至祭而朝服朝服者諸侯之臣與其君日視朝之服大夫以祭命賓兄弟緣孝子欲得嘉賓尊客以事其祖禰故服之緇韠者下大夫之臣夙興主人服如初則固玄端唯尸祝佐食玄端玄裳黃裳雜裳可也皆爵韠與主人同服周禮士之齊服有玄端素端然則玄裳上士也黃裳中士雜裳下士

記祭時衣冠

設洗南北以堂深東西當東榮。榮屋翼也。水在洗東。祖天地之左海。篚在洗西南順實二爵二觚四觶一角一散。順從也。言南從統於堂也。二爵者謂賓獻爵止主婦當致也。二觚長兄弟酌衆賓長爲加爵二人班同迎接並也。四觶一酌奠其三長兄弟酬賓卒受者與賓弟子兄弟弟子舉觶於其長禮殺事相接禮器曰貴者獻以爵賤者獻以散尊者舉觶卑者舉角舊說云爵一升觚二升觶三升角四升散五升

壺棜禁饌于東序南順覆兩壺焉蓋在南明日卒奠冪用綌卽位而徹之加勺。覆壺者盝瀝水宜爲其不宜塵冪用綌以其堅潔禁言棜者祭尙厭飫得與大夫同器不爲神戒也○覆壺者謂倒置其壺口下腹上以漉滌濯之水且免塵坋至明日尊于戶東時始注酒其中蓋在南蓋卽綌冪未奠不設冪卒奠乃設之奠者祝洗酌奠鉶南也卽位戶卽席也

籩巾以綌也纁裏棗烝栗擇。籩有巾者果實之物多皮核優尊者可烝裹之也烝擇互文舊說云纁裏者皆玄被。鉶芼用苦若薇皆有滑夏

葵冬苣苦苦荼也苣堇屬乾之冬滑於葵詩云周原膴膴堇荼如飴云今文苦爲芐芐乃地黃非也棘心匕刻刻若今龍頭牲爨在廟門外東南魚腊爨在其南皆西面饎爨在西壁饎炊也西壁堂之西牆下舊說云南北直屋梠稷在南肵俎心舌皆去本末午割之實于牲鼎載心立舌縮俎午割從横割之亦勿沒立縮順其牲心舌知食味者欲尸之饗此祭是以進之賓與長兄弟之薦自東房其餘在東堂東堂東夾之前近南○疏曰其餘謂衆賓兄弟之薦也

記器具品物陳設之法

沃尸盥者一人奉槃者東面執匜者西面淯沃執巾者在匜北匜北執匜之北亦西面每事各一人淯沃稍注之今文淯作激宗人東面取巾振之三南面授

尸卒執巾者受宗人代授巾庭長尊尸入主人及賓皆辟位出亦如之辟位逡遁

記事尸之禮

嗣舉奠佐食設豆鹽肝宜鹽也佐食當事則戶外南面無事則中庭北面當事將有事而未至凡祝呼佐食許諾呼猶命也宗人獻與旅齒於衆賓尊庭長齒從其長幼之次佐食於旅齒於兄弟

記佐食所事因及宗人佐食齒列

尊兩壺于房中西牖下南上爲婦人旅也其尊之節亞西方○尊之亞西方者謂設尊兩階時先阼階次西方又次乃於房中故云亞也內賓立于其北東面南上宗婦北堂東面

江筠云房中之位類多南上所以然者房有北階無北壁房中南蓋猶之堂上之北也

北上。二者所謂內兄弟內賓姑姊妹也宗婦族人之婦其夫屬于所祭爲子孫或南上或北上宗婦宜統於主婦主婦南面北堂中房而北○姑姊妹賓類自取曲禮云東鄉西鄉以南方爲上宗婦取統於主婦主婦北堂南面故也主婦及內賓宗婦亦旅西面。西面者異於獻也男子獻於堂上旅於堂下婦人獻於南面旅於西面內賓象衆賓宗婦象兄弟其節與其儀依男子也主婦酬內賓之長酌奠于薦左內賓之長坐取奠於右宗婦之娣婦舉觶於其姒婦亦如之內賓之長坐取奠觶酬宗婦之姒交錯以辯宗婦之姒亦取奠觶酬內賓之長交錯以辯內賓之少者宗婦之娣婦各舉觶於其長並行交錯無筭其拜及飲者皆西面主婦之東南宗婦贊薦者執以坐于戶外授主婦

官氏云贊薦者戶外相授已見於決記重明之者見堂中也堂授受多在戶外也

記設內尊與內兄弟面位旅酬贊薦諸儀

尸卒食而祭饎爨雍爨雍孰肉以尸享祭竈有功也舊說云宗婦祭饎爨亨者祭雍爨用黍肉而已無

籩豆俎禮器曰燔燎於爨夫爨者老婦之祭盛於盆尊於瓶

記祭竈之節

賓從尸俎出廟門乃反位賓從尸送尸也士之助祭終其事也俎尸俎也賓既送尸復入反位者宜與主人爲禮乃去之

記賓送尸反位之節

尸俎右肩臂臑肫胳正脊二骨橫脊長脅二骨短脅尸俎神俎也士之正祭禮九體貶於大夫有併骨二亦得十一之名合少牢之體數此所謂放而不致者凡俎食之數奇脊無中脅無前貶於尊者不貶正脊不奪正也正脊二骨長脅二骨者將舉於尸尸食未飽不欲空神俎○放而不致禮器文膚三爲養用二厭飫一也離肺一離猶挃也小而長午割之亦不提心謂之舉肺刌肺三爲尸主人主婦祭今文刌爲切魚十

臣春祝三體加可併者二为五
主人尊已得五又加其可併者
二为七是亦奇也

李氏云祝佐食接神賓三獻長
兄弟为加爵宗人亦長接尸皆擇
尸而祝为尊故祝为尊故祝兩
尊故祝五體佐食皆三體衆賓
長为加爵接於尸蓋亦三體下
文所衆賓殺脀耳

有五。魚水物以頭枚數陰中之物取數於月十有五日而盈少牢饋食禮亦云十有五而俎尊卑同此所謂經而等也。經而等亦禮器文。腊如牲骨。不但言體以有一骨二骨者。祝俎髀脡脊二骨脅二骨。凡接於神及尸者俎不過牲三體以特牲約加其可併者二亦得奇名少牢饋食禮羊豕各三體○疏云加其可併者二骨者是尊祝也。膚一離肺一。阼俎臂正脊二骨橫脊長脅二骨短脅。主人尊欲其體得祝之加數五體又於可併者二亦得奇名臂左體臂。膚一離肺一。主婦俎觳折。觳後足折分後右足以為佐食俎不分左臑折辟大夫妻。其餘如阼俎。餘謂脊脅膚肺。佐食俎觳折脊脅。三體卑者從正。膚一離肺一。賓骼長兄弟及宗人折其餘如佐食俎。骼左骼也賓俎全體尊賓不用尊體為其已甚卑而全之其宜可也長兄弟及宗人折不言所分略之。衆賓及衆兄弟內賓宗婦若有公有司私臣皆殽脀。又略此所折骨直破折餘體可殽者升之俎一

古文骼皆作胳

而已不備三者賤祭禮接神者貴凡骨有肉曰殽祭統曰凡爲俎者以骨爲主貴者取貴骨賤者取賤骨貴者不重賤者不虛示均也俎者所以惠之必均也善爲政者如此故曰見政事之均焉公有司亦士之屬命於君者也私臣自己所辟除者

膚一離肺一

記諸俎牲體之名數

公有司門西北面東上獻次衆賓私臣門東北面西上獻次兄弟升受降飲

獻在後者賤也祭祀有上事者貴之亦皆與旅○上事堂上之事羣吏中擇取爲賓爲衆賓是皆有上事者在門外時同在門西東面北上及其入賓與衆賓適西階以俟行事其不在選中者則北面如此記所陳其得獻之序或次衆賓或次兄弟也亦皆與旅

謂此二等得獻雖後與旅則同也

記羣吏面位獻法

儀禮　鄭氏注　濟陽張爾岐句讀

少牢饋食禮第十六

鄭目錄云：諸侯之卿大夫祭其祖禰於廟之禮。羊豕曰少牢。少牢於五禮屬吉禮。大戴第八，小戴第十一，別錄第十六。○疏曰：鄭知諸侯之卿大夫者，曲禮下云：大夫以索牛，用太牢，是天子卿大夫。明此用少牢，爲諸侯之卿大夫可知。賓尸是卿，不賓尸爲下大夫，爲異也。

少牢饋食之禮　禮將祭祀，必先擇牲，繫於牢而芻之。羊豕曰少牢。諸侯之卿大夫祭宗廟之牲。○疏曰：自此盡如初，論卿大夫祭前十日先筮日之事。又云羊豕曰少牢者，對三牲具爲太牢，但非一牲，卽得牢稱；一牲，卽不得牢名，可言特牲也。○少，詩召反。

日用丁己　內事用柔日，必丁己者，取其令名，自丁寧，自變改，皆爲敬謹，必先諏此日，明日乃筮。○己，音紀。

筮旬有一日　旬，十日也。以先月下旬之己筮來月上旬之己。○註言己，以例丁。言上旬者，先近日也。

筮於廟門之外，主人朝服，西面于門東。史朝服，左執筮，右抽上

櫝兼與筮執之東面受命于主人。史家臣主筮事者。○疏云主人朝服者爲祭而筮還服祭服。○朝直遥反。櫝徒木反。主人曰孝孫某來日丁亥用薦歲事于皇祖伯某以某妃配某氏尚饗。丁未必亥也直舉一日以言之耳禘于太廟禮曰日用丁亥不得丁亥則己亥辛亥亦用之無則苟有亥焉可也薦進也進歲時之祭事也皇君也伯某且字也大夫或因字爲謚春秋傳曰魯無駭卒請謚與族公命之以字爲展氏是也若仲叔季亦曰仲某叔某季某某妃某妻也合食曰配某氏若言姜氏子氏也尚庶幾饗歆也○疏云禘于太廟日用丁亥大戴禮文不得丁亥則己亥辛亥亦用之者以吉事先近日惟用上旬若上旬內不得丁己配亥苟有亥焉可也若並無亥則餘陰辰亦用之春秋所書有事太廟固不盡丁己配亥也經云伯某是正祭之稱若時有告請而非常祭祀則去伯直云且字言某甫卿大夫無謚正祭與非常祭一皆言五十字在子上與士正祭禮同直云某子聘禮記皇考某子是也若士告請之祭則稱且字○註伯某且字也以其字無可指故且言某以擬之且者聊且解經言某之意也非謂人之字爲且字也。疏乃云如何祭則直云且字。如何祭則言五十字。似人之字有且有不且。大失註意矣。此其立言之未善也。士喪禮筮宅註云。某甫且字也。若言山甫孔甫矣。彼處疏云。孔甫之等是實字。以某甫擬之是且字。却甚分明。可以證此處之失。註又云。大夫或因字爲謚。未聞其說。顧炎武云謚乃氏之譌。鄭君因左氏傳而誤耳。經文某氏在某妃配之下。文義亦未詳。

史曰諾。西面于門西。抽下韇。左執筮。右兼執韇以擊筮。將問吉凶焉。故擊之以動其神。易曰。蓍之德圓而神。○疏云。筮者是蓍。以其用蓍爲筮。故名蓍爲筮。

遂述命曰。假爾大筮有常。孝孫某來日丁亥用薦歲事于皇祖伯某。以某妃配某氏。尚饗。述循也。重以主人辭告筮也。假借也。言因蓍之靈以問之。常吉凶之占繇。○註以常爲吉凶占繇。謂易卦爻之辭。愚詳文義。似謂蓍有常德。郎知吉知凶之德。所謂圓而神者也。顧炎武云。假大也。大筮之大音太。○繇直又反

乃釋韇立筮。○卿大夫之蓍長五尺。立筮由便。對士蓍三尺。則坐筮爲便。

卦者在左坐。卦以木卒筮。乃

制言供大筮宿与下文為目但下文有宿尸而無宿諸官之事與此句中已包之矣只是一例宿戒尸與筮尸皆在宿前而用逆敘此又一例

精筮謂藏筮于韇也

陳校云簡文吉是告字

書卦于木示主人乃退占卦者史之屬也卦以木者每一爻畫地以識之六爻備書於板史受以示主人退占東面旅占之吉則史櫝筮史兼執筮與卦以告于主人占曰從從者求吉得吉之言乃官戒宗人命滌宰命爲酒乃退官戒戒諸官也當其祭祀事者使之具其物且齊也滌溉濯祭器埽除宗廟若不吉則及遠日又筮日如初及至也遠日後丁若後己

右筮祭日

宿宿讀爲肅肅進也大夫尊儀益多筮日旣戒諸官以齋戒矣至前祭一日又戒以進之使知祭日當來古文宿皆作羞疏曰自此盡改筮尸論筮尸宿尸及宿諸官之事云大夫尊儀益多者大夫宿戒兩有士有宿而無戒是儀畧前宿一日宿戒尸皆肅諸官之日又先肅尸者重所用爲尸者又爲將筮當祭前二日先戒當爲尸者明日朝

服筮尸如筮日之儀命曰孝孫某來日丁亥用薦歲事于皇祖伯某以某妃配某氏以某之某爲尸尚饗筮卦占如初某之某者字尸父而名尸也字尸父尊鬼神也不前期三日筮尸者大夫下人君祭之朝乃視濯與士異吉則乃遂宿尸祝擯筮吉又遂肅尸重尸也既肅尸乃肅諸官及執事者祝爲擯者尸神象主人再拜稽首祝告曰孝孫某來日丁亥用薦歲事于皇祖伯某以某妃配某氏敢宿告尸以主人爲此事來尸拜許諾主人又再拜稽首主人退尸送揖不拜尸不拜者尸尊若不吉則遂改筮尸即改筮之不及遠日

右筮尸宿尸宿諸官

既宿尸反爲期于廟門之外爲期肅諸官而皆至定祭早晏之期爲期亦夕時也言既肅尸反爲

陳校云刲、閩浚从力、閩文士刲往混如不少

期明大夫尊肅尸而已其爲賓及執事者使人肅之○疏曰自此盡曰諾乃退論宗人請祭期之事主人門東南面宗人朝服北面曰請祭期主人曰比於子比次早晏在於子也主人不西面者大夫尊於諸官有君道也爲期亦唯尸不來也○比推量也推量祭時之早晚唯在於子子謂宗人宗人曰旦明行事主人曰諾乃退旦明旦日質明

右爲祭期

明日主人朝服卽位于廟門之外東方南面宰宗人西面北上牲北首東上司馬刲羊司士擊豕宗人告備乃退刲擊皆謂殺之此實既省告備乃殺之文互者省文也尚書傳羊屬火豕屬水○疏曰自此盡東榮論視殺視濯之事又云人君視牲視殺別日大夫視牲視殺同日人君殺牲于門內大夫士殺于門外○刲苦圭反雍人摡鼎匕俎于雍爨雍爨在

曹君云南面君位也大夫猶得南面對士臣信矣

門東南北上雍人掌割亨之事者爨竈也在門東南統於主人北上羊豕魚腊皆有竈竈西有鑊凡摡者皆陳之而後告絜○摡濯拭之也廩人摡甑甗匕與敦于廩爨廩爨在雍爨之北廩人掌米入之藏者甗如甑一孔匕所以匕黍稷者也古文甑爲烝○雍爨以亨牲廩爨以熟黍稷○甑子孕反甗魚展反敦音對司宮摡豆籩勺爵觚觶几洗篚于東堂下勺爵觚觶實于篚卒摡饌豆籩與篚于房中放于西方設洗于阼階東南當東榮放猶依也大夫攝官司宮兼掌祭器也○司宮摡此九種祭器其酌酒之器則實之於篚西方房中近西處也篚謂實酒器者○放方往反

右祭日視殺視濯

羹定雍人陳鼎五三鼎在羊鑊之西二鼎在豕鑊之西魚腊從羊膚從

豕統於牲○疏曰自此盡簞巾于西階東論鼎及豆籩盤匜等之事司馬升羊右胖髀不升肩臂臑膊胳正脊一脡脊一橫脊一短脅一正脅一代脅一皆二骨以並腸三胃三。舉肺一祭肺三實于一鼎升猶上也上右胖周所貴也髀不升近竅賤也肩臂臑肱骨膊胳股骨脊從前為正脅旁中為正脊先前脅先後屈而反猶器之綈也並併也脊脅骨多六體各取二骨併之以多為貴舉肺一尸食所先舉也祭肺三為尸主人主婦古文胖皆作辯髀皆作脾今文並皆為併○膊音純又說文之允反司士升豕右胖髀不升肩臂臑膊胳正脊一脡脊一橫脊一短脅一正脅一代脅一皆二骨以並舉肺一祭肺三實于一鼎豕無腸胃君子不食溷腴雍人倫膚九實于一鼎倫擇也膚脅革肉擇之取美者司士又升魚腊魚十有五而鼎腊一純而鼎腊用麋升左右胖曰純純猶司士又升副倅者合

冪毛本作冪嚴本經注俱作𠕋 唐石經徐本集釋楊敖俱作鼏通解作冪

陳校云執應是埶字即藝字亦從

全也○此司士與前升豕者非一人故註云是其副貳也卒脀皆設扃冪乃舉陳鼎于廟門之外東方北面北上北面北上鬻肉相隨古文冪皆爲密○脀以牲體實鼎也○脀之承反司宮尊兩甒于房戶之間同棜皆有冪甒有玄酒房戶之間房西室戶東也棜無足禁者酒戒也大夫去足改名優尊者若不爲之戒然古文甒皆作廡今文冪作鼏司宮設罍水于洗東有枓設篚于洗西南肆枓斢水器也凡設水用罍沃盥用枓禮在此也○篚中實勺爵觚觶鄭云禮在此者謂全經中言設水之法其文詳於此也○枓音主斢九于反改饌豆籩于房中南面如饋之設實豆籩之實改更也爲實之更之威儀多也如饋之設如其陳之左右也饋設東面○此承上文亦司宮爲之前饌豆籩房中依於西方今欲實之乃更陳如饋時之次第也豆籩之實謂菹醢等小祝設槃匜與簞巾于西階東爲尸將盥

司士合執二俎司士贊者二人亦合執二俎共六俎其一則肵俎也

右羹定實鼎饌器

主人朝服即位于阼階東西面爲將祭也。疏曰自此盡革順論祭時將至布設舉鼎上載之事。

司宮筵于奥祝設几于筵上右之布陳神坐也室中西南隅謂之奥席東面近南爲右

主人出迎鼎除鼏士盥舉鼎主人先入道之也主人不盥不舉○士禮自舉鼎則盥

司宮取二勺于篚洗之兼執以升乃啓二尊之蓋冪奠于棜上加二勺于二尊覆之南柄二尊兩甒也今文柄爲枋。勺以挹酒者

鼎序入雍正執一匕以從雍府執四匕以從司士合執二俎以從司士贊者二人皆合執二俎以相從入相助陳鼎于東方當序南于洗西皆西面北上膚爲下匕皆加于鼎東枋膚爲下以其加也南于洗西陳于洗西南。既有豕鼎復

取膚別爲一鼎故謂之加也。俎皆設于鼎西，西肆。肵俎在羊俎之北，亦西肆。肵俎在北，將先載也。異其設文，不當鼎。宗人遣賓就主人，皆盥于洗，長枇。長枇者，長賓先，次賓後也。主人不枇，言就主人者，明親臨之。古文枇作匕。佐食上利升牢心舌，載于肵俎。心皆安下切上，午割勿沒，其載于肵俎，末在上。舌皆切本末，亦午割勿沒，其載于肵，橫之。皆如初爲之于爨也。牢，羊豕也。安，平也。平割其下，於載便也。凡割本末，食必正也。午割，使可絕，勿沒，爲其分散也。肵之爲言敬也，所以敬尸也。周禮祭尚肺，事尸尚心舌。心舌知滋味。今文切皆爲刌。佐食遷肵俎于阼階西，西縮，乃反。佐食二人，上利升羊，載右胖，髀不升，肩、臂、臑、膊、胳，正脊一，脡脊一，橫脊一，短脅一，正脅一，代脅一，皆二骨以竝，腸三，胃三，長皆及俎拒，舉肺一，長終肺。祭肺三。皆切。肩臂臑膊胳在兩端。脊脅肺肩在上。升之以尊卑。載之以體次。各有宜也。拒。讀爲介距之距。俎距。脛中當橫節也。凡牲體之數。及載。備於此。○脊脅肺肩在上。肩字殆誤。唐石本、吳澄本並同。今按上文已言肩。不當重出。且遺胃。則肩字卽胃字之誤可知。下利升豕。其載如羊。無腸胃。體其載于俎。皆進下。進下。變於食生也。所以交於神明。不敢以食道。敬之至也。鄉飲酒禮進腠。羊次其體。豕言進下。互相見。○食生人之法進腠。腠。骨之本。下。骨之末。進下者。以骨之末向神也。○腠。千侯反。司士三人升魚腊膚。魚用鮒。十有五而俎。縮載。右首。進腴。右首進腴。亦變於食生也。有司載魚橫之。少儀曰。羞濡魚者進尾。○有司載魚橫之。卽下篇有司徹。引此及少儀。欲見正祭與儐尸載魚禮異。腊一純而俎。亦進下。肩在上。如羊豕。凡腊之體載。禮在此。膚九而俎。亦橫載。革順。列載於俎。令其皮相順。亦者。亦其骨體。○亦橫載。上牲體橫載。此膚亦然。革順者。膚相次而作行列。則其皮順也。

右將祭卽位設几加勺載俎

卒脀祝盥于洗升自西階主人盥升自阼階祝先入南面主人從戸內西面將納祭也○疏曰自此盡主人又再拜稽首論先設置爲陰厭之事也○載牲於俎亦謂之脀主婦被錫衣侈袂薦自東房韭菹醓醢坐奠于筵前主婦贊者一人亦被錫衣侈袂執葵菹蠃醢以授主婦主婦不興遂受陪設于東韭菹在南葵菹在北主婦興入于房被錫讀爲髲鬄古者或剔賤者刑者之髮以被婦人之紒爲飾因名髲鬄焉此周禮所謂次也不纚笄者大夫妻尊亦衣綃衣而侈其袂耳侈者蓋半士妻之袂以益之袂三尺三寸袪尺八寸韭菹醓醢朝事之豆也而饋食用之豐大夫禮葵菹在緈今文蠃爲蝸○周禮追師掌王后以下副編次鄭彼註云副首飾若今步搖編編列髮爲之若今假紒次次第髮長短爲之所謂髲鬄髲鬄者卽此文也特牲主婦士妻纚

劉台拱云案當俎北端當爲俎之北也

笄而綃衣此大夫妻則首服次亦綃衣而侈其袂侈袂者士妻綃衣袂二尺二寸袪尺二寸此大夫妻綃衣則三分益一袂三尺三寸袪尺八寸故註云半士妻之袂以益之韭菹醓醢本天子祭祀薦腥所用之豆共有八種此用其二以饋食故註云豐大夫禮韭菹在醓醢之南葵菹在蠃醢之北菹醢錯對是在綪也○鬊皮義反鬄大計反醓他感反

佐食上利執羊俎下利執豕俎司士三人執魚腊膚俎序升自西階相從入

設俎羊在豆東豕亞其北魚在羊東腊在豕東特膚當俎北端

相助也○特膚者膚俎單設在四俎之北也

主婦自東房執一金敦黍有蓋坐設于羊俎之南婦贊者執敦稷以授主婦主婦興受坐設于魚俎南又興受贊者敦黍坐設于稷南又興受贊者敦稷坐設于黍南敦皆南首主婦興入于房

敦有首者尊者器飾也飾蓋象龜周之禮飾器各以其類龜有上下甲今

文曰主婦入于房○設黍稷亦綪也祝酌奠遂命佐食啓會佐食啓會蓋二以重設于敦南酌奠酌酒為神奠之後酌者酒尊要成也特牲饋食禮曰祝洗酌奠奠于鉶南重累之主人西面祝在左主人再拜稽首祝祝曰孝孫某敢用柔毛剛鬣嘉薦普淖用薦歲事于皇祖伯某以某妃配某氏尚饗主人又再拜稽首羊曰柔毛豕曰剛鬣嘉薦葅醢也普淖黍稷也普大也淖和也德能大和乃有黍稷春秋傳曰奉粢以告曰絜粢豐盛謂其三時不害而民和年豐也○牲物異號以殊人用也春秋傳桓六年隨季梁之言引之者以証普淖之義

右陰厭

祝出迎尸于廟門之外主人降立于阼階東西面祝先入門右尸入門左主人不出迎尸伸尊也特牲饋食禮曰尸入主人及賓皆辟位出亦如之祝入門右者辟尸盥也既則後

尸。○疏曰自此盡牢肺正脊加于肵。論尸入正祭之事。愚案此正祭內尸入妥尸。尸十一飯。又自二節。宗人奉槃。
東面于庭南。一宗人奉匜水。西面于槃東。一宗人奉簞巾。南面
于槃北。乃沃尸。盥于槃上。卒盥。坐奠簞。取巾。興。振之三。以授尸。
坐取簞。興。以受尸巾。庭南。沒霤。○疏曰庭南者於庭近南。是沒盡門屋霤。近門而盥也。祝延尸。
尸升自西階。入。祝從。由後詔相之曰延。延。進也。周禮曰大祝相尸禮。祝從。從尸升自西階。主人升
自阼階。祝先入。主人從。祝接神。先入宜也。尸升筵。祝主人西面立于戶
內。祝在左。主人由祝後而居右。尊也。祝從尸。尸卽席。乃卻居主人左。祝主人皆拜妥尸。尸不
言。尸答拜。遂坐。拜妥尸。拜之使安坐也。尸自此答拜。遂坐而卒食。其間有不啐奠。不嘗鉶。不告旨。大夫之禮。尸
彌尊也。不告旨者。爲初亦不饗。所謂曲而殺。○特牲有啐酒。嘗鉶告旨。主人拜。尸答拜。不得遂坐。鄭解此經遂坐而卒食。以其

閒皆無此禮又特牲有祝饗之禮士賤不嫌與君同故尸亦告旨此經初不祝饗故尸亦不告旨是殺於君禮也曲而殺禮器文

祝反南面。未有事也墮祭爾敦官各肅其職不命○方陰厭之初祝入南面此既無事故反其位○墮許規反

右迎尸入妥尸

尸取韭菹辯挭于三豆祭于豆間上佐食取黍稷于四敦下佐食取牢一切肺于俎以授上佐食上佐食兼與黍以授尸尸受同祭于豆祭。牢羊豕也同合也合祭於菹豆之祭也黍稷之祭爲墮祭將食神餘尊之而祭之今文辯爲徧○合祭于豆祭豆祭即韭菹之祭于豆間者祭黍稷者就器減取而祭故名墮祭祭畢斂而藏之肺與黍稷皆名爲墮周禮守祧職既祭則藏其墮是也先陳設爲陰厭尸後來即席食是尸餕鬼神之餘故尊而祭之非盛主人之餕而祭也

上佐食舉尸牢肺正脊以授尸上佐食爾上敦黍于筵上右之。爾近也或曰移

胡氏批云案單言佐食受亦謂上佐食也上佐食先在尸右自是以後在尸左

也右之便尸食也重言上佐食明更起不相因○吳氏云授尸下有尸受祭肺四字今案唐石本亦無四字唯下文食舉疏云云舉牢肺正脊也者上文云上佐食舉尸牢肺正脊以授尸尸受祭肺明今食先云食舉是上牢肺正脊也據此文則賈作疏時經文尚有尸受祭肺四字故吳云然也

主人羞肵俎升自阼階置于膚北 羞進也肵敬也親進之主人敬尸之加

上佐食羞兩鉶取一羊鉶于房中坐設于韭菹之南下佐食又取一豕鉶于房中以從上佐食受坐設于羊鉶之南皆芼皆有柶尸扱以柶祭羊鉶遂以祭豕鉶嘗羊鉶 芼菜也羊用苦豕用薇皆有滑○芼亡報反

食舉 舉牢肺正脊也先食啗之以為道也

三飯 食以黍○疏云以前文先言爾黍故知先食黍上爾黍條下疏云特牲黍稷此及虞皆不云稷者文不具也其實亦爾之不虛陳而不食也

上佐食舉尸牢幹尸受振祭嚌之佐食受加于肵 幹正脅也古文幹為肝

上佐食羞

胾兩瓦豆有醢亦用瓦豆設于薦豆之北設于薦豆之北以其加也四豆亦絳羊胾在南豕胾在北無臐膮者尚牲不尚味尸又食食胾上佐食舉尸一魚尸受振祭嚌之佐食受加于肵橫之又復也或言食或言飯食大名小數曰飯魚橫之者異於肉○疏云一口謂之一飯故云小數曰飯大夫不儐尸者於此時亦當設大羹○數所角反又食上佐食舉尸腊肩尸受振祭嚌之上佐食受加于肵腊魚皆一舉者少牢二牲略之腊必舉肩以肩為終也別舉魚腊崇威儀○少牢二牲略之者對特牲三舉獸魚別舉魚腊崇威儀者對特牲魚獸常一時同舉以肩為終者牲體貴肩以所貴者終也又食上佐食舉尸牢骼如初如舉幹也又食不舉者卿大夫之禮不過五舉須侑尸○疏曰云五舉者舉牢肺一也又舉牢幹二也又舉一魚三也又舉腊肩四也又舉牢骼五也尸告飽祝西面于主人之南獨侑不拜侑曰皇尸未實侑侑勸也祝獨勸者更則尸飽實

猶飽也。祝既侑，復反南面。○祝獨侑者，不與主人共侑也。疏曰：云祝既侑復反南面者，戶內主人及祝有事之位，尸席北，祝無事之位，今侑訖，亦復尸北南面位也。**尸又食。上佐食舉尸牢肩，尸受，振祭，嚌之，佐食受，加于肵。**四舉牢體，始於正脊，終於肩，尊於終始。○正脊及肩，皆牲體之貴者。**尸不飯，告飽。祝西面于主人之南。**祝當贊主人辭。**主人不言，拜侑。**祝言而不拜，主人不言而拜，親疏之宜。**尸又三飯。**為祝一飯，為主人三飯，尊卑之差。尸十一飯，下人君也。**上佐食受尸牢肺正脊，加于肵。**言受者，尸授之也。尸受牢幹而實舉于菹豆，食舉，操以授佐食焉。○牢肺正脊，即上文所云食舉也。初食舉不言置舉之所，至此十一飯後，乃言上佐食受尸牢肺正脊加于肵。以特牲禮約推之，方尸三飯，上佐食舉牢幹時，尸蓋置舉於菹豆，至此食舉，尸乃於菹豆上取而授上佐食也。

右尸十一飯，是謂正祭。

主人降洗爵升北面酌酒乃酳尸尸拜受主人拜送酳猶羨也既食之而又飲之所以樂之古文酳作酌○疏曰自此盡折一膚論主人酳尸之事云酳猶羨也者取饒羨之義故以爲樂之也愚案此初獻禮主人獻尸尸醋主人遂致嘏主人獻祝主人獻佐食凡四節尸祭酒啐酒賓長羞牢肝用俎縮執俎肝亦縮進末鹽在右羞進也縮從也鹽在肝右便尸擩之古文縮爲蹙○疏云鹽在肝右據賓長西面手執而言若至尸前鹽在尸之左尸以右手取肝向左擩之便也尸左執爵右兼取肝擩于俎鹽振祭嚌之加于菹豆卒爵主人拜祝受尸爵尸荅拜兼兼羊豕

右主人獻尸

祝酌授尸尸醋主人主人拜受爵尸荅拜主人西面奠爵又拜

主人受酢酒，俠爵拜，彌尊尸。○疏云：祝代尸酌，已是尊尸，今拜受訖，又拜，是彌尊尸也。上佐食取四敦黍稷，下佐食取牢一切肺，以授上佐食。上佐食以綏祭。綏或作挼，挼讀爲墮。將受嘏，亦尊尸餘而祭之。古文墮爲肵。○取四敦黍稷於四敦中，各取少許也。上佐食以綏祭者，以此黍稷及切肺授主人，爲墮祭也。綏，許規反。挼及墮讀並同。○綏，許規反。主人左執爵，右受佐食，坐祭之，又祭酒，不興，遂啐酒。右受佐食，右手受墮於佐食也。至此言坐祭之者，明尸與主人爲禮也。尸恒坐，有事則起；主人恒立，有事則坐。祝與二佐食皆出，盥于洗，入，二佐食各取黍于一敦。上佐食兼受，摶之以授尸。尸執以命祝。命祝以嘏辭。○命祝，祝使出嘏辭也。卒命祝，祝受以東北面于戶西，以嘏于主人曰：皇尸命工祝，承致多福無疆于女孝孫，來女孝孫，使女受祿于天，宜稼于田，眉壽萬年，勿替引之。嘏大也予主人以大福工官也承猶傳也來讀曰釐釐賜也耕種曰稼勿猶無也替廢也引長也言無廢止時長如是也古文嘏爲格祿爲福眉爲徽替爲袂袂或爲載載替聲相近○女音汝袂音決載大結反主人坐奠爵興再拜稽首興受黍坐振祭嚌之詩懷之實于左袂挂于季指執爵以興坐卒爵執爵以興坐奠爵拜尸答拜執爵以興出宰夫以籩受嗇黍主人嘗之納諸内詩猶承也實於左袂便右手也季猶小也出出戶也宰夫掌飲食之事者收斂曰嗇明豐年乃有黍稷也復嘗之者重之至也納猶入也古文挂作卦

右尸酢主人命祝致嘏

主人獻祝設席南面祝拜于席上坐受室中迫狹○室中迫狹故祝拜席上也疏曰士大夫廟皆兩下五架正中曰棟棟南兩架北亦兩架棟南一架名曰楣前承簷以前名曰庪棟北一架爲室南壁而開戶即是

一架之開廣爲室。故云迫狹也。主人西面答拜。不言拜送，下尸。薦兩豆菹醢。葵菹、蠃醢。佐食設俎。羊髀、橫脊一、短脅一、腸一、胃一、膚三、魚一、橫之。腊兩髀屬于尻。皆升下體，祝賤也。魚橫者，四物共俎，殊之也。腊兩髀屬于尻，尻尤賤，不殊。○註云四物，謂羊豕魚腊也。腊用左右胖，故用兩髀。尻比髀爲尤賤，因不殊別之也。○尻，苦刀反。祝取菹擩于醢，祭于豆閒。祝祭俎。大夫祝俎無肺，祭用膚，遠下尸，不嚌之，膚不盛。○疏云：特牲尸俎有祭肺、離肺，祝俎有離肺，無祭肺，是下尸。今大夫祝祭肺、離肺俱無，是遠下尸也。離肺祭訖嚌之，加于俎。今以膚替肺，是不盛，故不嚌。祭酒，啐酒。肝牢從。祝取肝擩于鹽，振祭，嚌之，不興，加于俎，卒爵，興。亦如佐食授爵乃興，不拜既爵，大夫祝賤也。○疏云：特牲祝卒爵則拜，士卑，祝不賤也。

右主人獻祝

主人酌獻上佐食上佐食戶內牖東北面拜坐受爵主人西面答拜佐食祭酒卒爵拜坐授爵興不啐而卒爵者大夫之佐食賤禮略○疏云特牲士之佐食亦啐俎設于兩階之間其俎折一膚佐食不得成禮於室中折者擇取牢正體餘骨折分用之有脀而無薦亦遠下尸○疏云有脀即俎實是也無薦謂無菹醢也無肺已是下尸又無薦是遠下尸也主人又獻下佐食亦如之其脀亦設于階間西上亦折一膚上佐食既獻則出就其俎特牲記曰佐食無事則中庭北面謂此時○西上者上佐食俎在西此在其東

右主人獻兩佐食初獻禮竟

有司贊者取爵于篚以升授主婦贊者于房戶男女不相因特牲饋食禮曰佐食卒角主人受角降反于篚○疏曰自此盡入于房論主婦亞獻尸祝與佐食之事○此亞獻禮內主婦獻尸尸酢主婦主婦

獻祝。主婦獻佐食亦四節。註引特牲禮者，見此亦主人受佐食爵，反于篚，贊者别取爵授主婦，是男女不因爵而用也。

婦贊者受以授主婦主婦洗于房中出酌入戶西面拜獻尸入戶西面拜由便也下北面者辟人君夫人也拜而後獻者當俠拜也婚禮曰婦洗在北堂直室東隅。引昏禮者明此經婦洗所在亦然也尸拜受主婦主人之北西面拜送爵拜於主人之北西面婦人位在內此拜於北則上拜於南由便也尸祭酒卒爵主婦拜祝受尸爵尸答拜

右主婦獻尸

易爵洗酌授尸祝出易爵男女不同爵主婦拜受爵尸答拜上佐食綏祭主婦西面于主人之北受祭祭之其綏祭如主人之禮不嘏卒爵拜尸答拜不嘏夫婦一體綏亦當作挼古文爲肵

右尸酢主婦

主婦以爵出贊者受易爵于篚以授主婦于房中贊者有司贊者也易爵亦以授婦贊者婦贊者受房戶外入授主婦主婦洗酌獻祝祝拜坐受爵主婦答拜于主人之北卒爵不興坐授主婦不俠拜下尸也今文曰祝拜受

右主婦獻祝

主婦受酌獻上佐食于戶內佐食北面拜坐受爵主婦西面答拜祭酒卒爵坐授主婦主婦獻下佐食亦如之主婦受爵以入于房不言拜於主人之北可知也爵奠於內篚

右主婦獻兩佐食亞獻禮竟

賓長洗爵獻于尸尸拜受爵賓戶西北面拜送爵尸祭酒卒爵賓拜祝受尸爵尸答拜○自此至于其筵前論賓長終獻之禮賓長獻尸尸酢賓長賓長獻祝凡三節

右賓長獻尸

祝酌授尸賓拜受爵尸拜送爵賓坐奠爵遂拜執爵以興坐祭遂飲卒爵執爵以興坐奠爵拜尸答拜

右尸酢賓長

賓酌獻祝祝拜坐受爵賓北面答拜祝祭酒啐酒奠爵于其筵前○啐酒而不卒爵祭事畢示醉也不獻佐食將儐尸禮殺○疏曰案特牲賓長獻爵止註云欲神惠之均于室中待夫婦致爵此大夫禮或有儐尸者致爵在儐尸之上故不致爵爵不止也若然有司徹尸作止爵三獻致爵於主人主人不酢主婦又

不致爵於主婦。下大夫不儐尸。賓獻尸。止爵。主婦致爵於主人。酢主婦。主人不致於主婦。特牲主人與主婦交相致爵。參差不同者。此以尊卑爲差降之數。故有異也。上大夫得儐尸。故致爵上辟人君。下大夫不儐尸。故增酢主婦而已。士卑。不嫌與君同。故致爵具也。

右賓長獻祝。終獻禮竟。

主人出立于阼階上西面祝出立于西階上東面祝告曰利成利猶養也。成畢也。孝子之養禮畢。祝入尸謖主人降立于阼階東西面謖起也。謖或作休。○謖所六反祝先尸從遂出于廟門事尸之禮訖於廟門外

右祭畢尸出廟

祝反復位于室中主人亦入于室復位祝命佐食徹所俎降設

于堂下阼階南徹肵俎不出門將儐尸也肵俎而以儐尸者其本爲不反魚肉耳不云尸俎未歸尸○疏曰自此盡篇末論徹肵俎行餕之事○肵俎之設本爲尸食魚肉不可反於俎故加於肵俎今擬儐尸將更食魚肉故留此肵俎以俟後加儐尸訖乃歸尸家也司宮設對席乃四人餕大夫禮四人餕明惠大也○設對席者對尸席而設西向之席四人餕二在尸席二在對席凡餕之道施惠之象故四人餕爲惠大對特牲二人餕爲惠小也上佐食盥升下佐食對之賓長二人備備四人餕也三餕亦盥升○備者兩佐食之外又以賓二人充此數也上佐食升居尸席下佐食西向對之疏云下佐食雖云西向對賓近北不得東西相當以其一賓長在上佐食之北一賓長在下佐食之南也司士進一敦黍于上佐食又進一敦黍于下佐食皆右之于席上右之者東面在南西面在北○資黍于羊俎兩端兩下是餕資猶減也減置於羊俎兩端則一賓長在上佐食之北一賓長在下佐食之南今文資作齎○兩下是餕者二賓長在二佐食之左

曾氏云實以湆爲鉶羹經未有以鉶爲湆者疏雖未有語並肉汁亦是尸俎實之餘猶主人以下俎皆尸俎之餘體也下儐尸有已湆肉湆亦用神饌之餘耳或說非即以爲鉶仍是於兩鉶外別取者非尸食之餘也

於位爲下。故云兩下。分減敦黍。**司士乃辯舉。饎者皆祭黍祭舉。**置羊俎兩端。二賓於此取食也。舉。舉膚。今文辯爲徧。○司士遍授饎者。各一膚也。疏云饎者下尸。不舉肺。當舉膚。**主人西面三拜饎者。饎者奠舉于俎。皆答拜。皆反取舉。**三拜。旅之。示徧也。言反者。拜時或去其席。在東面席者。東面拜。在西面席者。皆南面拜。**司士進一鉶于上饎。又進一鉶于次饎。又進二豆湆于兩下。乃皆食。食舉。**湆。肉汁也。○疏云神坐止有二鉶。分進兩佐食。兩下無鉶。故進湆也。**卒食。主人洗一爵。升酌。以授上饎。贊者洗三爵。酌。主人受于戶內。以授次饎。若是以辯。皆不拜受爵。主人西面三拜饎者。饎者奠爵。皆答拜。皆祭酒。卒爵。奠爵。皆拜。主人答壹拜。**不拜受爵者。大夫餕者賤也。答一拜。略也。古文壹爲一也。○特牲嗣子與兄弟餕。故拜受爵。**饎者三人興出。**出降實爵于篚。反賓位。**上**

黃君云受在此時

饎止。主人受上饎爵，酌以醋于戶內，西面坐奠爵，拜。上饎答拜。坐祭酒，啐酒。主人自酢者，上饎獨止，當戶位尊，不酌也。疏云：上餕將嘏主人，故在戶位，不可親酌。○上饎親嘏曰：主人受祭之福，胡壽保建家室。親嘏，不使祝授之，亦以黍。○亦摶黍以授主人而致辭也。主人興，坐奠爵，拜，執爵以興，坐卒爵，拜。上饎答拜。上饎興出。主人送，乃退。送佐食不拜，賤。○退謂主人退。

右餕

凡二千九百五十四字

儀禮　　鄭氏註　　濟陽張爾岐句讀

有司徹第十七

鄭目錄云少牢之下篇也上大夫既祭儐尸於堂之禮若下大夫祭畢禮尸於室中無別行儐尸於堂之事天子諸侯之祭明日而繹有司徹於五禮屬吉大戴第九小戴第十二別錄少牢下篇第十七○疏曰言大夫既祭儐尸於堂之禮者謂上大夫室中事尸行三獻禮畢別行儐尸於堂之禮又云祭畢禮尸於室中者據下大夫室內事尸行三獻無別行儐尸於堂之事即於室內爲加爵禮尸即下文云若不儐尸以下是也

有司徹　徹室中之饋及祝佐食之俎卿大夫既祭而儐尸禮崇也儐尸則不設餕西北隅以此薦俎之陳有祭象而亦足以厭飫神天子諸侯明日祭於祊而繹春秋傳曰辛巳有事于大廟仲遂卒于垂壬午猶繹是也爾雅曰繹又祭也○疏曰自此盡如初論徹室內之饋并更整設及溫尸俎之事○有司謂司馬司士宰夫之屬徹徹去祭時之饌不儐尸者尸出之後設餕於西北隅以厭飫神謂之陽厭此既儐尸有祭象故不設餕西北隅爲陽厭也此儐尸與祭同日天子諸侯則明日爲之

名曰繹。繹之禮，設祭於廟門外之西室，謂之祊，而事尸於堂，則爲繹。故註曰：天子諸侯明日祭于祊而繹。祊、繹同時，而大名曰繹。又正祭時亦有祊祭，但正祭之祊在廟門內，明日又祭之祊於廟門外。○徹，直列反。祊，百庚反。

埽堂。爲儐尸新之。少儀曰：汎埽曰埽，埽席前曰拚。○拚，方問反。

司宮攝酒。更洗益整頓之。今文攝爲聶。○疏云：洗益當作撓益，謂撓擾添益之。

乃爇尸俎。爇，溫也。溫尸俎於爨，斯亦溫焉。獨言溫尸俎，則祝與佐食不與儐尸之禮。古文爇皆作尋，記或作燖。春秋傳曰：若可燖也，亦可寒也。○春秋傳哀十二年子貢對吳太宰嚭語，鄭引之，證爇尸俎是重溫之義。今左傳本燖作尋。○爇，音尋。

卒爇，乃升羊、豕、魚三鼎，無腊與膚，乃設扃鼏，陳鼎于門外，如初。腊爲庶羞，膚從豕，去其鼎者，儐尸之禮殺於初。如初者，如廟門之外東方，北面北上。今文扃爲鉉，古文鼏爲密。

右將儐尸整設

乃議侑于賓以異姓。議，猶擇也。擇賓之賢者可以侑尸。必用異姓，廣敬也。是時主人及賓、有司已復內位。

古文侑皆作宥。○疏曰：自此盡侑答拜，論選侑并迎尸及侑之事。

宗人戒侑。戒猶告也。南面告於其位，戒曰：請子爲侑。○疏曰：知南面告於其位者，以賓位在門東北面，請以爲侑，明面鄉其位可知。

侑出，俟于廟門之外。俟，待也。待於外，當與尸更入。主人興禮事尸，極敬心也。

右選侑以輔尸

司宮筵于戶西，南面。爲尸席也。

又筵于西序，東面。爲侑席也。

尸與侑北面于廟門之外，西上。言與，殊尊卑。北面者，賓尸而尸益卑。西上，統於賓客。

主人出迎尸，宗人擯。賓客尸而迎之，主人益尊，擯贊。

主人拜，尸答拜。主人又拜侑，侑答拜。主人揖，先入門右。道尸。

尸入門左，侑從，亦左。揖，乃讓。沒霤相揖，至階又讓。

主人先升自阼階，尸、侑升自西階，西楹西，北面，東上。東上，統於其席。○疏云：賓席以東爲上，故

也主人東楹東北面拜至尸答拜主人又拜侑侑答拜拜至喜之

右迎尸及侑

乃舉舉舉鼎也舉者不盥殺也○自此盡西枋論門外舉鼎匕俎入陳之事司馬舉羊鼎司士舉豕鼎舉魚鼎以入陳鼎如初如初如阼階下西面北上○疏云如初者如上經正祭時陳鼎之事也雍正執一匕以從雍府執二匕以從司士合執二俎以從司士贊者亦合執二俎以從匕皆加于鼎東枋二俎設于羊鼎西西縮二俎皆設于二鼎西亦西縮雍正羣吏掌辨體名肉物者府其屬凡三匕鼎一匕四俎爲尸侑主人主婦其二俎設于豕鼎魚鼎之西陳之宜具也古文縮皆爲蹙雍人合執二俎陳于羊俎西竝皆西縮覆二疏匕于其上皆縮俎西枋竝并也其南俎司馬以羞羊匕

湆、羊肉湆。其北俎，司士以羞豕匕湆、豕肉湆、豕脀、湆魚。疏匕、匕柄有刻飾者。古文竝皆作朼。○此二俎以爲益送之用。匕湆無肉，直汁，注于疏匕，故爲匕湆。肉湆則肉之從湆中出者，實無汁也。

右陳鼎階下設俎俟載

主人降受宰几。尸侑降。主人辭，尸對。几所以坐安體。周禮大宰掌贊玉几、玉爵。○自此盡主人及尸侑皆升就筵，言主人初獻之儀。獻尸、獻侑、受酢，凡三大節。此獻尸一節內，授几、獻爵、主婦薦豆籩、司馬載羊俎、賓長設羊俎、次賓進匕湆、司馬羞肉湆、次賓羞燔，又自有八細節。主人拜送爵而主婦薦，賓長設正俎而尸祭薦，司馬扡匕湆而尸祭俎，次賓授匕湆而尸啐酒告旨，司馬羞肉湆而尸嚌肺，次賓羞燔而尸卒爵，此其相承相應之次，有不容稍紊者。若司馬載羊俎之下，竝列十一俎，則欲以類從，著諸俎之差等耳，不以其次也。宰授几。主人受，二手橫執几，揖尸。禮主於尸，獨揖尸几。主人升，尸侑升，復位。位，阼階、賓階上位。○郎上文東楹東、西楹西之位也。

主人西面左手執几縮之以右袂推拂几三二手橫執几進授尸于筵前衣袖謂之袂推拂去塵示新尸進二手受于手間受從手間謙也主人退尸還几縮之右手執外廉北面奠于筵上左之南縮不坐左之者異於鬼神生人陽長左鬼神陰長右不坐奠之者几輕主人東楹東北面拜拜送几也尸復位尸與侑皆北面答拜侑拜者從於尸○立侑本以輔尸故從尸拜也○以上授尸几主人降洗尸侑降尸辭洗主人對卒洗揖主人升尸侑升尸西楹西北面拜洗主人東楹東北面奠爵答拜降盥尸侑降主人辭尸對卒盥主人揖升尸侑升主人坐取爵酌獻尸尸北面拜受爵主人東楹東北面拜送爵降盥者爲土污手不可酌○以上獻爵

主婦自東房薦韭菹醓坐奠于筵前菹在西方婦贊者執昌菹醓以授主婦主婦不興受陪設于南昌在東方興取籩于房麷蕡坐設于豆西當外列麷在東方婦贊者執白黑以授主婦主婦不興受設于初籩之南白在西方興退昌昌本也韭菹醓醢昌本麋臡麷熬麥也蕡熬枲實也白熬稻黑熬黍此皆朝事之豆籩大夫無朝事而用之儐尸亦豐大夫之禮主婦取籩興者以饌異親之當外列辟鉶也退退入房也○疏云正祭先薦後獻若繹祭則先獻後薦此儐尸禮與天子諸侯繹祭同故亦先獻後薦也天子諸侯之祭坐尸於堂北面而事之謂之朝事特牲少牢正祭無朝事於堂直有室中之事儐尸用韭菹等皆朝事所用是謂豐大夫之禮然八籩八豆之中各取其四耳○以上主婦薦豆籩○麷方中反

乃升升牲體於俎也司馬朼羊亦司馬載載右體肩臂肫骼臑正脊一

陳校云代今本作代少牢亦作代今本作代者誤

脡脊一橫脊一短脅一正脅一代脅一腸一胃一祭肺一載于一俎言燅尸俎復序體者明所舉肩骼存焉亦著脊脅皆一骨也膞在下者折分之以爲肉湆俎也一俎謂司士所設羊鼎西第一俎○此尸正俎載已卽當設之豆南者羊肉湆膞折正脊一正脅一腸一胃一嚌肺一載于南俎肉湆肉在汁中者以增俎實爲尸加也必爲膞折上所折分者嚌肺離肺也南俎雍人所設在南者此以下十一俎俟時而載於此歷說之爾今文湆爲汁○疏曰十一俎者卽尸之羊肉湆一也豕脅俎二也侑之羊俎三也豕俎四也主人羊俎五也羊肉湆俎六也豕脅七也主婦羊俎八也尸侑主人三者皆有魚俎是其十一通尸羊正俎爲十二俎其四俎尸侑主人主婦載羊體俎皆爲正俎司其餘八俎雍人所執二俎益送往還故有八其實止二俎也司士朼豕亦司士載亦右體肩臂肫骼膞正脊一脡脊一橫脊一短脅一正脅一代脅一膚五嚌肺一載于一俎膞在下者順羊也俎謂雍人所

設在北者。○此與上羊肉湆並事尸加俎，用雍人所設二俎傳送之者。侑俎羊左肩、左肫、正脊一、脅一、腸一、胃一、切肺一，載于一俎。侑俎豕左肩折、正脊一、脅一、膚三、切肺一，載于一俎。侑俎用左體，侑賤。其羊俎過三體，有肫，尊之，加也。豕左肩折，折分爲長兄弟俎也。切肺亦祭肺，互言之爾。無羊湆，下尸也。豕又祭肺，不嚌肺，不備禮。俎，司士所設羊鼎西之北俎也。豕俎與尸同。○羊左肩一俎，是侑正俎，豕俎則加俎。注云豕俎與尸同，謂亦用雍人所設俎加之也。阼俎羊肺一、祭肺一，載于一俎。羊肉湆臂一、脊一、脅一、腸一、胃一、嚌肺一，載于一俎。豕脀臂一、脊一、脅一、膚三、嚌肺一，載于一俎。阼俎，主人俎。無體，遠下尸也。以肺代之，肺尊也。加羊肉湆而有體，崇尸惠，亦尊主人。臂，左臂也。侑用肩，主人用臂，下之也。不言左臂者，大夫尊，空其文也。降於侑羊體一，而增豕膚三，有所屈，有所申，亦所謂順而摭也。阼俎，司士所設豕鼎西俎也。其湆俎與尸俎同，豕俎又與尸豕俎同。○羊肺一俎，主

儀禮鄭注句讀卷十七　有司第十七　五

人正俎其下二俎皆加俎亦皆用雍人所設俎益送之故註云與尸俎同**主婦俎羊左臑脊一脅一腸一胃一膚一嚌羊肺一載于一俎**無豕體而有膚以主人無羊體不敢備也無祭肺有嚌肺亦下侑也祭肺尊言嚌羊肺者文承膚下嫌也膚在羊肺上則羊豕之體名同相亞也其俎司士所設在魚鼎西者○主婦有正俎無加俎**司士朼魚亦司士載尸俎五魚橫載之侑主人皆一魚亦橫載之皆加膴祭于其上**橫載之者異於牲體彌變於神膴讀如殷冔之冔刳魚時割其腹以為大臠也可用祭也其俎又與尸豕俎同○正祭升魚縮載於俎為縮於尸為橫右首進腴若食生人亦縮載右首但進鰭脊向人為巽今儐尸升魚乃橫載於人為縮是不與正祭同又與生人異也魚三俎皆用尸豕俎益送之亦若侑主人之豕脅故註云其俎又與尸豕俎同○以上言司馬載尸正俎遂歷數十一俎體物皆俟事至乃載非此時遽已載也○膴火吳反刳空吳反

卒升卒，已也。已載尸羊俎。賓長設羊俎于豆南，賓降。尸升筵，自西方坐，左執爵，右取韭菹，擩于三豆，祭于豆閒。尸取麷蕡，宰夫贊者取白黑以授尸，尸受，兼祭于豆閒。賓長，上賓。○以上賓長設羊俎。雍人授次賓疏匕與俎，受于鼎西，左手執俎左廉，縮之，卻右手執匕枋，縮于俎上，以東面受于羊鼎之西。司馬在羊鼎之東，二手執挑匕枋，以挹湆，注于疏匕，若是者三。挑謂之歃，讀如或舂或抌之抌，字或作挑者，秦人語也。此二匕者，皆有淺升，狀如飯橾。挑長枋，可以抒物於器中者。注猶瀉也。今文挑作抌，挹皆爲扱。○橾，七肖反。抒，食汝反。尸興，左執爵，右取肺，坐祭之，祭酒，興，左執爵。肺，羊祭肺。○尸興承上文尸坐祭豆籩之節。次賓縮執匕俎以升，若是以授尸，尸卻手受匕枋，坐祭，嚌之興，覆手以授賓。賓亦覆手以受，縮匕于俎上以降。嚌湆者，明湆肉加耳。嘗之以其汁，尚味。○將進湆肉，先進其湆，嘗之。湆在鼎已調，故云尙味。若太羹則不在鼎，不調也。以降者，以此匕俎而降。○覆，芳伏反。

尸席末坐啐酒，興，坐奠爵，拜，告旨，執爵以興。主人北面于東楹東答拜。旨，美也。拜告酒美，答主人意。古文曰東楹之東。○以上次賓授匕湆。

司馬羞羊肉湆，縮執俎。尸坐奠爵，興，取肺，坐絕祭，嚌之，興，反加于俎。司馬縮奠俎于羊湆俎南，乃載于羊俎。卒載，縮執俎以降。絕祭，絕肺末以祭。周禮曰：絕祭。湆使次賓，肉使司馬，大夫禮多崇敬也。○司馬縮執、縮奠之俎，羊肉湆俎也，郎雍人所設益送之南俎也。載于羊俎者，載此羊肉湆於尸之正俎也。經文司馬縮奠俎于羊湆俎南，疑誤。觀下受酢羞肉湆節，當是縮奠湆俎于羊俎南。○以上司馬羞肉湆。

尸坐執爵以興次賓羞羊燔縮執俎縮一燔于俎上鹽在右尸左執爵受燔擩于鹽坐振祭嚌之興加于羊俎賓縮執俎以降燔炙尸降筵北面于西楹西坐卒爵執爵以興坐奠爵拜執爵以興主人北面于東楹東答拜主人受爵尸升筵立于筵末○以上次賓羞燔

右主人獻尸從獻者凡五豆籩正羊俎匕湆羊肉湆羊燔也

主人酌獻侑侑西楹西北面拜受爵主人在其右北面答拜不洗者俱獻間無事也主人就右者賤不專階○此下主人獻侑節獻爵薦豆籩設羊俎設羊燔有四細節疏云凡爵行爵從尊者來向卑者俱獻間無事則不洗爵從卑者來向尊雖獻間無事亦洗賤不專階對主人不就尸階者尸尊得專階也○獻侑爵

主婦薦韭菹醓醢坐奠于筵前醢在南方婦贊者執二籩麷蕡以授主婦主婦不興受之奠麷于醢南蕡在麷東主婦入于房醢在南方者立侑爲尸使正饌統焉○薦侑豆籩侑升筵自北方司馬橫執羊俎以升設于豆東侑坐左執爵右取菹擩于醢祭于豆閒又取麷蕡同祭于豆祭興左執爵右取肺坐祭之祭酒興左執爵羊俎○設侑次賓羞羊燔如尸禮侑降筵自北方北面于西楹西坐卒爵執爵以興坐奠爵拜主人荅拜荅拜拜於侑之右○設侑羊燔

右主人獻侑從獻之儀降於尸者二羊匕湆與肉湆也

尸受侑爵降洗侑降立于西階西東面主人降自阼階辭洗尸坐奠爵于篚興對卒洗主人升尸升自西階主人拜洗尸北面于西楹西坐奠爵答拜降盥主人降尸辭主人對卒盥主人升尸升坐取爵酌酌者將酢主人○此下尸酢主人節主人受爵主婦薦豆籩長賓設俎次賓羞匕湇司馬羞肉湇次賓羞燔主人拜崇酒凡七細節特牲少牢主人獻尸尸卽酢主人主人乃獻祝及佐食此尸待主人獻侑乃酢主人不同者此尸卑達主人之意欲得先進酒於侑彼尸尊欲自達己意故先酢主人也司宮設席于東序西面主人東楹東北面拜受爵尸西楹西北面答拜○主人受酢爵主婦薦韭菹醢坐奠于筵前菹在北方婦贊者執二籩麷蕡主婦不興受設麷于菹西北蕡在麷西主人升筵自北方主婦入

李如圭敖繼公說

于房。設籩于葅西北，亦辟鉶。○疏云：特牲、少牢，皆致爵乃設席，此受酢即設席，以其儐尸，尸益卑，主人益尊，故也。○主婦薦主人豆籩。

長賓設羊俎于豆西，主人坐，左執爵，祭豆籩，如侑之祭，興，左執爵，右取肺，坐祭之，祭酒，興。○設主人羊俎。

倬案右字誤脫

次賓羞匕湆，如尸禮。席末坐啐酒，執爵以興。○羞主人匕湆。

司馬羞羊肉湆，縮執俎。主人坐，奠爵于左，興，受肺，坐絕祭，嚌之，興，反加于湆俎。司馬縮奠湆俎于羊俎西，乃載之。卒載，縮執虛俎以降。奠爵于左者，神惠變於常也。言受肺者，明有授。言虛俎者，羊湆俎訖於此，虛不復用。○羞主人肉湆。

倬案羊字誤脫

主人坐取爵以興。次賓羞燔，主人受，如尸禮。○羞主人燔。

主人降筵自北方北面于阼階上坐卒爵執爵以興坐奠爵拜執爵以興尸西楹西答拜主人坐奠爵于東序南不降奠爵於篚急崇酒侑升尸侑皆北面于西楹西見主人不反位知將與已爲禮主人北面于東楹東再拜崇酒崇充也拜謝尸侑以酒薄充滿尸侑皆答再拜主人及尸侑皆升就筵○拜崇酒

右主人受尸酢薦設亦有五事尊主人故與尸同也主人初獻禮竟

司宮取爵于篚以授婦贊者于房東以授主婦房東房戶外之東○自此至尸主人及侑皆就筵凡四節皆主婦亞獻之事獻尸一也獻侑二也致爵於主人三也受尸酢四也主婦洗爵于

房中出實爵尊南西面拜獻尸尸拜于筵上受尊南西面拜由便也○疏曰賓主獻酢無在筵上受法今尸於筵上受者以婦人所獻故尸不與行賓主之禮故不得各就其階主婦西面于主人之席北拜送爵入于房取一羊鉶坐奠于韭菹西主婦贊者執豕鉶以從主婦不興受設于羊鉶之西興入于房取糗與腶脩執以出坐設之糗在蕡西脩在白西興立于主人席北西面飲酒而有鉶者祭之餘鉶無黍稷殺也糗糗餌也腶脩擣肉之脯今文腶爲斷○腶丁亂反尸坐左執爵祭糗脩同祭于豆祭以羊鉶之柶挹羊鉶遂以挹豕鉶祭于豆祭祭酒次賓羞豕匕湆如羊匕湆之禮尸坐啐酒左執爵嘗上鉶執爵以興坐奠爵拜主婦答拜執爵以興司士羞豕脀尸坐

敖云如羊匕湆之禮如其左手執俎左廉以下之儀其異者賓人不復授之也尸坐奠爵于左褚寅亮云經言如則亦係人授疏已与俎可知敖謂不復授是与經違尸奠于右依生人飲酒例若于左經必明著之

奠爵興受如羊肉湇之禮坐取爵興次賓羞豕燔尸左執爵受燔如羊燔之禮坐卒爵拜主婦答拜

右主婦獻尸從獻亦五主婦既獻爵設兩鉶又設糗脩次賓羞豕匕湇司士羞豕脀次賓羞豕燔儀節與主人獻尸竝相當

受爵酌獻侑侑拜受爵主婦主人之北西面答拜酌獻者主婦今文無西面主婦羞糗脩坐奠糗于醴南脩在蕡南侑坐左執爵取糗脩兼祭于豆祭司士縮執豕脀以升侑興取肺坐祭之司士縮奠豕脀于羊俎之東載于羊俎卒乃縮執俎以降侑興豕脀無湇於侑禮殺次

賓羞豕燔侑受如尸禮坐卒爵拜主婦答拜。

右主婦獻侑其從獻同於尸者亦三主婦既獻爵羞糗脩司士羞豕脀次賓羞豕燔降於尸者二無鉶羹與豕匕湆

受爵酌以致于主人主人筵上拜受爵主婦北面于阼階上答拜。主婦易位拜于阼階上辟併敬。主婦設二鉶與糗脩如尸禮主人其祭糗脩。祭鉶祭酒受豕匕湆拜啐酒皆如尸禮嘗鉶不拜。尊也。主人如尸禮其異者不告旨。○疏云按前主婦獻尸尸啐酒嘗鉶拜彼拜雖在嘗鉶下其拜仍爲啐酒是以特牲少牢尸嘗鉶皆不拜或此經啐酒之上無拜文有者衍字也。○愚按疏言謂經嘗鉶不拜正謂啐酒不拜耳啐酒上拜字衍又註云其異者不告旨其意亦然主婦獻尸尸啐酒拜亦告旨之意也。其受豕脀受豕燔亦如尸禮坐卒爵拜主婦

校勘記云啐酒上拜字疑當作坐

劉台拱云案凡西階西未有不少南于階者也則或言西階或言西階西南多有錯者無他義也唯主人立於洗東北西面婦右東宜詳其之

北面荅拜受爵

右主婦致爵于主人從設並與尸同

尸降筵受主婦爵以降將酢主婦主人降侑降主婦入于房主人立于洗東北西面侑東面于西階西南俟尸洗尸易爵于篚盥洗爵易爵者男女不相襲爵主人揖尸侑將升主人升尸升自西階侑從主人北面立于東楹東侑西楹西北面立俟尸酢尸酌主婦出于房西面拜受爵尸北面于侑東荅拜主婦入于房司宮設席于房中南面主婦立于席西設席者主婦尊今文曰南面立于席西婦贊者薦韭菹醓坐奠于筵前菹在西方婦人贊者執豐以授婦贊者婦贊者不興

陳校云重石經（下句）尸在席上石經誤

毛本立作尸誤

受設麷于菹西蕡在麷南。婦人贊者宗婦之少者。主婦升筵司馬設羊俎于豆南主婦坐左執爵右取菹㨎于醢祭于豆間又取麷蕡兼祭于豆祭主婦奠爵興取肺坐絕祭嚌之興加于俎坐挩手祭酒啐酒。挩手者于帨帨佩巾内則曰婦人亦左佩紛帨古文挩作說。○挩山銳反 次賓羞羊燔主婦興受燔如主人之禮主婦執爵以出于房西面于主人席北立卒爵執爵拜尸西楹西北面答拜主婦入立于房尸主人及侑皆就筵。出房立卒爵宜鄉尊不坐者變於主人也執爵拜變於男子也。○鄉尊謂對尸而卒爵

右主婦受尸酢從獻亦三與侑同等主婦亞獻禮竟

上賓洗爵以升酌獻尸尸拜受爵賓西楹西北面拜送爵尸奠

爵于薦左賓降上賓賓長也謂之上賓以將獻異之或謂之長賓奠爵爵止也

右上賓三獻尸尸奠爵不舉欲神惠均于庭待徧得獻乃舉之

主人降洗爵尸侑降主人奠爵于篚辭尸對卒洗揖尸升侑不升侑不升尸禮益殺不從主人實爵酬尸東楹東北面坐奠爵拜尸西楹西北面答拜坐祭遂飲卒爵拜尸答拜降洗尸降辭主人奠爵于篚對卒洗主人升尸升主人實爵尸拜受爵主人反位答拜尸北面坐奠爵于薦左降洗者主人

右主人酬尸○特牲及下不儐尸皆無酬尸之事此特有之

奠而不舉

尸侑主人皆升筵乃羞宰夫羞房中之羞于尸侑主人主婦皆右之司士羞庶羞于尸侑主人主婦皆左之二羞所以盡歡心房中之羞其籩則糗餌粉餈其豆則酏食糝食庶羞羊臐豕膮皆有胾醢房中之羞內羞也內羞在右陰也庶羞在左陽也○內羞是穀物穀本地產故爲陰庶羞是牲物牲本天產故爲陽

右羞于尸侑主人主婦

主人降南面拜衆賓于門東三拜衆賓門東北面皆答壹拜拜于門東明少南就之也言三拜者衆賓賤旅之也衆賓一拜賤也卿大夫尊賓賤純臣也位在門東今文壹爲一○衆賓自長賓而下也自此至主人就筵皆主人酬獻外庭內庭之事所謂均神惠也凡七節獻長賓一也獻衆賓二也主人自酢于長賓三

也酬長賓四也獻兄弟五也獻內賓六也獻私人七也主人洗爵長賓辭主人奠爵于篚興對卒洗升酌獻賓于西階上長賓升拜受爵主人在其右北面答拜宰夫自東房薦脯醢醢在西司士設俎于豆北羊骼一腸一胃一切肺一膚一羊骼羊左骼上賓一體賤也薦與設俎者既則俟于西序端古文骼為胳賓坐左執爵右取脯揳于醢祭之執爵興取肺坐祭之祭酒遂飲卒爵執爵以興坐奠爵拜執爵以興主人答拜受爵賓坐取祭以降西面坐委于西階西南成祭於上尊賓也取祭以降反下位也反下位而在西階西南已獻尊之祭脯肺宰夫執薦以從設于祭東司士執俎以從設于薦東

右主人獻長賓

劉台拱云衆私人猶皆拜受爵則衆賓兄弟皆拜受可知也此神惠宜一一拜受與飲射不同特牲衆兄弟亦皆拜

衆賓長升拜受爵主人答拜坐祭立飲卒爵不拜既爵既盡也長賓升者以次第升受獻言衆賓長拜則其餘不拜宰夫贊主人酌若是以辯主人每獻一人奠空爵于篚宰夫酌授於尊南今文若爲如辯皆作徧辯受爵其薦脯醢與脀設于其位其位繼上賓而南皆東面其脀體儀也徧獻乃薦畧之亦宰夫薦司士脀儀者尊體盡儀度餘骨可用而用之尊者用尊體卑者用卑體而已亦有切肺膚今文儀皆爲曦或爲議

右辯獻衆賓

乃升長賓主人酌酢于長賓西階上北面賓在左主人酌自酢序賓意賓卑不敢酢主人坐奠爵拜執爵以興賓答拜坐祭遂飲卒爵執爵以興坐奠爵拜賓答拜賓降降反位

右主人自酢于長賓

宰夫洗觶以升主人受酌降酬長賓于西階南北面賓在左主人坐奠爵拜賓答拜坐祭遂飲卒爵拜賓答拜宰夫授主人觶則受其虛爵奠于篚○註受其虛爵指上文酢爵也主人洗賓辭主人坐奠爵于篚對卒洗升酌降復位賓拜受爵主人拜送爵賓西面坐奠爵于薦左○按此爵至旅酬後與兄弟之長交酬爲無算爵

右主人酬賓

主人洗升酌獻兄弟于阼階上兄弟之長升拜受爵主人在其右答拜坐祭立飲不拜既爵皆若是以辯辯兄弟長幼立飲賤不別大夫之賓尊於兄

弟宰夫不贊酌者兄弟以親昵來不以官待之辯受爵其位在洗東西面北上升受爵其薦脀設于其位亦辯獻乃薦既云辯矣復言升受爵者爲衆兄弟言也衆兄弟升不拜受爵先著其位與上乃後云薦脀設于其位明位初在是也位不繼於主人而云洗東卑不統於尊此薦脀皆使私人○疏云先著其位於上乃云升受爵者謂發此位升堂受爵又云薦脀設於其位者謂受爵時設薦脀於洗東西面位其先生之脀折脅一膚一先生長兄弟折豕左肩之折其衆儀也

倬案古儀均作義此見儀字

右主人獻兄弟

主人洗獻內賓于房中南面拜受爵主人南面于其右答拜內賓姑姊妹及宗婦獻于主婦之席東主人不西面尊不與爲賓主禮也南面于其右主人之位恒左人坐祭立飲不拜既爵若是以辯亦有薦脀亦設薦脀於其位特牲饋食禮記曰內賓立于房中西墉下東面南

陳校云自此以下書手已易另編葉數而補注全篇并脫了結語內原闕抄錄盡此為止故不足行

上宗婦北堂東面北上

右主人獻內賓

主人降洗升獻私人于阼階上拜于下升受主人荅其長拜乃降坐祭立飲不拜既爵若是以辯宰夫贊主人酌主人於其羣私人不荅拜其位繼兄弟之南亦北上亦有薦脀私人家臣已所自謂除也大夫言私人明不純臣也士言私臣明有君之道北上不敢專其位亦有薦脀初亦北面在衆賓之後爾言繼者以爵既獻爲文凡獻位定主人就筵古文曰升就筵

右主人獻私人均神惠徧

尸作三獻之爵上賓所獻爵不言三獻作之者賓尸而尸益卑可以自舉○自此盡降實于篚尸舉所奠上賓

之爵以成三獻之禮以上賓舉三獻因號上賓爲三獻是以事名官此一禮內凡有四爵尸作爵一也獻侑二也致爵于主人三也受尸酢四也司士羞湆魚縮執俎以升尸取膴祭祭之祭酒卒爵

不羞魚匕湆略小味也羊有正俎羞匕湆肉湆豕無正俎魚無匕湆隆汚之殺司士縮奠俎于羊俎南

橫載于羊俎卒乃縮執俎以降尸奠爵拜三獻北面答拜受爵

○尸作賓爵

酌獻侑侑拜受三獻北面答拜司馬羞湆魚一如尸禮卒爵拜

三獻答拜受爵司馬羞湆魚變於尸○賓獻侑

酌致主人主人拜受爵三獻東楹東北面答拜賓拜於東楹東以主人拜受於席就之

司士羞一湆魚如尸禮卒爵拜三獻答拜受爵○賓致爵主人

尸降筵受三獻爵酌以酢之既致主人尸乃酢之遂賓意三獻西楹西北面拜受爵尸在其右以授之尸升筵南面答拜坐祭遂飲卒爵拜尸答拜執爵以降實于篚○賓受酢

右上賓三獻禮成

二人洗觶升實爵西楹西北面東上坐奠爵拜執爵以興尸侑答拜坐祭遂飲卒爵執爵以興坐奠爵拜尸侑答拜皆降三獻而禮小成使二人舉爵序殷勤於尸侑○自此以下言旅酬及無算爵二人舉觶為旅酬兄弟後生舉觶于長賓長加獻尸次賓舉爵又旅酬兄弟舉止爵賓舉奠觶交錯為無算爵又凡五節而儐尸之禮畢矣洗升酌反位尸侑皆拜受爵舉觶者皆拜送侑奠觶于右奠于右者不舉也神惠右不舉變於飲食○雖二爵並舉

劉氏撰云：案下飲者亦各其位，與下文互言之耳。疏謂飲於西階下，非也。

止用尸一爵酬於下。尸遂執觶以興，北面于阼階上酬主人，主人在右。尸拜於阼階上，酬禮殺。坐奠爵拜，主人答拜。不祭，立飲，卒爵，不拜，既爵，酢。就于阼階上酬主人。言就者，主人立待之。主人拜受爵，尸拜送。酬不奠者，急酬侑也。尸就筵。主人以酬侑于西楹西，侑在左。坐奠爵拜，執爵興，侑答拜。不祭，立飲，卒爵，不拜，既爵，酢，復位。侑拜受，主人拜送。言酢復位，明授於西階上。主人復筵。乃升長賓，侑酬之，如主人之禮。遂旅也。言升長賓，則有贊呼之。至于衆賓，遂及兄弟，亦如之，皆飲于上。上，西階上。遂及私人，拜受者升受，下飲。私人之長拜於下，升受兄弟之爵，下飲之。卒爵，升酌，以之其位，相酬辯。其位，兄弟南位。亦拜受，拜送，升酌由西階。○私人位在兄弟之南，其長飲於西階下，餘私人皆飲於其位。卒飲者實爵于饌。未受酬者雖無所旅猶飲。乃羞庶羞于賓兄弟內賓及私人。無房中之羞賤也此羞同時羞則酌房中亦旅其始主婦舉觶於內賓遂及宗婦。

右二人舉觶為旅酬

兄弟之後生者舉觶于其長。後生年少也古文觶皆為爵延熹中詔校書定作觶。洗升酌。降北面立于阼階南。長在左。坐奠爵拜。執爵以興。長答拜。長在左辟主人。坐祭遂飲。卒爵。執爵以興。坐奠爵拜。執爵以興。長答拜。洗升酌。降。長拜受于其位。舉爵者東面答拜。爵止。拜受答拜不北面者儐尸禮殺長賓言奠兄弟言止互相發明相待也。○前主人酬賓賓奠爵薦左此後生舉觶長亦暫止不舉待後面旅酬畢乃與賓所奠之爵交錯為無算爵故註曰相待。

淵呂拱云案上篇鄭云賓長二人故此次上賓者亦猶賓長也

右兄弟後生舉觶

賓長獻于尸如初無湆爵不止賓長者賓之長次上賓者非卽上賓也如初如其獻侑酢致主人受尸酢也無湆爵不止別不如初者不使兄弟不稱加爵大夫尊也不用觚大夫尊者也○衆賓之長獻尸其儀節與上賓獻尸同但無魚湆與旣獻卽飲二者爲異耳前上賓獻尸待獻堂下畢乃舉觶是其止爵也註不使兄弟三句言其與特牲禮異特牲云長兄弟洗觚爲加爵

右賓長加獻于尸

賓一人舉爵于尸如初亦遂之于下一人次賓長者如初如二人洗觶之爲也遂之于下者遂及賓兄弟下至於私人故言亦遂之于下也上言無湆爵不止互相發明○之適也往也謂行此爵于堂下爲旅酬也

右次賓舉爵于尸更爲旅酬

賓及兄弟交錯其酬皆遂及私人爵無筭筭數也長賓取觶酬兄弟之黨長兄弟取觶酬賓之黨唯已所欲無有次第之數也○長賓所取者主人酬賓賓奠薦左之觶長兄弟所取者後生所舉之觶也

右二觶交錯爲無筭爵

尸出侑從主人送于廟門之外拜尸不顧拜送之拜侑與長賓亦如之衆賓從從者不拜送也司士歸尸侑之俎尸侑尊送其家主人退反於寢也有司徹徹堂上下之薦俎也外賓尸雖堂上婦人不徹

右儐尸禮畢

若不賓尸不賓尸謂下大夫也其牲物則同不得備其禮耳舊說云謂大夫有疾病攝昆弟祭曾子問曰攝主不厭祭不旅不假不綏祭不配布奠于賓賓奠而不舉而此備有似失之矣○自此至終篇皆言下大夫不賓尸之事○綏許恚反

則祝侑亦如之謂尸七飯時○下大夫之不賓尸者自祝侑以前皆與上大夫賓尸者同此下乃陳其異者祝侑少牢篇尸七飯告飽祝侑曰皇尸未實侑是也尸食八飯○祝既侑而尸又飯也乃盛俎臑臂肫脡脊橫脊短脅代脅皆牢盛者盛於肵俎也此七體羊豕其脊脅皆取一骨也與所舉正脊幹骼凡十矣肩未舉既舉而俎猶有六體焉○盛音成盛於肵俎將以歸尸特牲尸食訖乃盛賓尸則不盛全以歸尸故也皆牢者謂此七體皆羊豕而非腊也註俎猶有六體謂三脊三脅各有一骨在俎不取以備陽厭也魚七盛半也魚十有五而俎其一已舉必盛半者魚無足翼於牲象脊脅而已腊辯無髀亦盛半也所盛者右體也脊屬焉言無髀者云一純而俎嫌有之古文髀作脾卒盛乃舉牢肩尸受振祭嚌之佐食受加于肵舉七○前此舉牢肺舉正脊舉牢幹舉魚舉腊肩舉牢骼已六舉至此舉牢肩故云舉七也

右不賓尸者尸八飯後事

佐食取一俎于堂下以入奠于羊俎東不言魚俎東主於尊乃摭于魚腊俎俎釋三个其餘皆取之實于一俎以出个猶枚也魚摭四枚腊摭五枚其所釋者腊則短脅正脅代脅魚三枚而已今文摭爲摕○所釋三个亦備陽厭也祝主人之魚腊取于是祝主人主婦俎之魚腊取于此者大夫之禮文待神餘也三者各取一魚其腊主人臂主婦臑祝則骼也與此皆於鼎側更載焉不言主婦未聞尸不飯告飽主人拜侑不言尸又三飯凡十一飯士九飯大夫十一飯其餘有十三飯十五飯佐食受牢舉如儐舉肺脊○如儐者與少牢篇所載上大夫儐尸者儀節同也

右不賓尸者尸十一飯時事

主人洗酌酳尸賓羞肝皆如儐禮卒爵主人拜祝受尸爵尸荅拜祝酌授尸尸以醋主人亦如儐其綏祭其嘏亦如儐肝牢肝也綏皆

當作授。授讀爲藏其隋之隋。古文爲挼。其獻祝與二佐食。其位。其薦脀。皆如儐。

右不儐尸者主人初獻與儐尸者正祭初獻同

主婦其洗獻于尸。亦如儐。自尸侑不飯告飽至此與儐同者在上篇。主婦反取籩于房中。執棗糗。坐設之。棗在稷南。糗在棗南。婦贊者執栗脯。主婦不興受。設之。栗在糗東。脯在棗東。主婦興反位。棗饋食之籩。糗羞籩之實。雜用之。下賓尸也。栗脯加籩之實也。反位。反主人之北拜送爵位。尸左執爵取棗糗。祝取栗脯以授尸。尸兼祭于豆祭。祭酒。啐酒。次賓羞牢燔。用俎。鹽在右。尸兼取燔擩于鹽。振祭。嚌之。祝受加于肵。卒爵。主婦拜。祝受尸爵。尸答拜。自主婦反籩至祝受加于肵。此異於儐。○賓尸者方其正祭。主婦獻尸於室。無籩燔從之事。此有籩有燔爲異。以不賓尸故加厚耳祝易爵洗酌授尸尸以醋主婦主婦主人之北拜受爵尸答拜主婦反位又拜上佐食綏祭如儐卒爵拜尸答拜主婦俠爵拜爲不賓尸降崇敬今文醋曰酢○儐尸者正祭主婦受酢不俠拜爵此俠拜爲異主婦獻祝其酌如儐拜坐受爵主婦主人之北答拜自尸卒爵至此亦與儐同者亦在上篇○謂同上篇正祭亞獻之節宰夫薦棗糗坐設棗于菹西糗在棗南祝左執爵取棗糗祭于豆祭祭酒啐酒次賓羞燔如尸禮卒爵內子不薦籩祝賤使官可也自宰夫薦至賓羞燔亦異于儐○自此下註異於賓賓皆當讀作儐主婦受爵酌獻二佐食亦如儐主婦受爵以入于房

右不賓尸主婦亞獻

賓長洗爵獻于尸尸拜受賓戶西北面答拜爵止尸止爵者以三獻禮成欲神惠之均於室中是以奠而待之○賓尸者正祭賓三獻尸即卒爵酢賓竝不止爵至事尸於堂賓三獻尸乃止爵待神惠均於庭乃作三獻之爵此不賓尸者亦三獻止爵待神惠均于室蓋略倣其儀也此一節之內賓獻尸爵旣止主婦致爵于主人主婦自酢尸作止爵尸酢賓賓獻祝及佐食賓致爵主人致爵主婦賓自酢乃設羞亦十小節而禮成○賓獻尸止爵

主婦洗于房中酌致于主人主人拜受主婦戶西北面拜送爵司宮設席拜受乃設席變於士也特牲禮未致爵已設席○主婦薦韭菹醓坐設于席前菹在北方婦贊者執棗糗以從主婦不興受設棗于菹北糗在棗西佐食設俎臂脊脅肺皆牢膚三魚一腊臂臂左臂也特牲五體此三者以其牢與腊臂而七牢腊俱臂亦所謂腊如牲體○牢謂羊豕也腊如特體特牲記文主人左執爵右取

倬案無中字似是

倬案又醯

倬案右字誤脫

湆挋于醢祭于豆間遂祭籩奠爵興取牢肺坐絕祭嚌之興加于俎坐挩手祭酒執爵以興坐卒爵拜無從者變於士也亦所謂順而摭也○特牲主婦致爵主人肝燔並從主婦答拜○主婦致爵于主人受爵酌以醋戶內北面拜自酢不更爵殺主人答拜卒爵拜主人答拜主婦以爵入于房○主婦自酢尸作止爵祭酒卒爵賓拜祝受爵尸答拜作止爵乃祭酒亦變於士自爵止至作止爵亦異於賓○士禮祭酒訖乃止爵○尸作止爵祝酌授尸賓拜受爵尸拜送坐祭遂飲卒爵拜尸答拜○尸酢賓獻祝及二佐食○賓獻祝與佐食

唐石經無祭字按此離肺出祭肺也無祭字是

洗致爵于主人。洗致爵者以承佐食賤新之 主人席上拜受爵賓北面答拜坐祭遂飲卒爵拜賓答拜受爵。○賓致爵主人 酌致爵于主婦主婦北堂司宮設席東面。北堂中房以北東面者變於士妻賓尸不變者賓尸禮異矣内子東面則宗婦南面西上內賓自若東面南上○士禮宗婦北堂東面北上主婦南面 主婦席北東面拜受爵賓西面答拜。席北東面者北爲下 婦贊者薦韭菹醓菹在南方婦人贊者執棗糗授婦贊者婦贊者不興受設棗于菹南糗在棗東。婦人贊者宗婦之弟婦也 佐食設俎于豆東羊臑豕折羊脊脅祭肺一膚一魚一腊臑。豕折豕折骨也不言所折略之特牲主婦觳折豕無脊脅下主人羊豕四體與腊臑而五 主婦升筵坐左執爵右取菹揳于醢祭之祭籩奠爵興取肺

惇案無骨似是

惇案菹字誤

惇案四字屋

惇校云此同又以執爲執所同作設

坐絕祭嚌之興加于俎坐挩手祭酒執爵興筵北東面立卒爵拜立飲拜既爵者變於大夫賓答拜賓受爵賓致爵主婦易爵于篚洗酌醋于主人戶西北面拜主人答拜卒爵拜主人答拜賓以爵降奠于篚自賓獻及二佐食至此亦異於賓○賓自酢乃羞宰夫羞房中之羞司士羞庶羞于尸祝主人主婦內羞在右庶羞在左○設羞

右不賓尸者賓長三獻

主人降拜衆賓洗獻衆賓其薦脀其位其酬醋皆如儐禮○衆賓謂自上賓而下

主人洗獻兄弟與內賓與私人皆如儐禮其位其薦脀皆如儐禮

卒乃羞于賓兄弟內賓及私人辯（陳校云此字削改重書）自乃羞至私人之薦脀此亦與儐同者在此篇不儐尸則祝猶侑耳卒已也乃羞者羞庶羞

右不賓尸者三獻後主人徧獻堂下幷內賓之事

賓長獻于尸尸酢獻祝致酢賓以爵降實于篚致謂致爵于主人主婦不言如初者爵不止又不及佐食

右不賓尸者次賓長爲加爵

賓兄弟交錯其酬無算爵此亦與儐同者在此篇○主人獻賓時賓亦奠酬薦左主人徑獻堂下及

內賓從、兄弟從生亦舉觶于長、至此交錯爲無算爵。然闕旅酬、直行無算爵。是其與賓尸者異。故經不言如儐也。

右不賓尸無算爵

利洗爵、獻于尸。尸酢、獻祝。祝受祭酒、啐酒、奠之。利獻不及主人、殺也。此亦異於儐。

右不賓尸佐食爲加爵

主人出、立于阼階上、西面。祝出、立于西階上、東面。祝告于主人曰利成。祝入、主人入、降立于阼階東、西面。尸謖。祝前、尸從、遂出于廟門。祝反、復位于室中。祝命佐食徹尸俎。佐食乃出尸俎于廟門外、有司受歸之。徹阼薦俎。自主人出至此、與賓雜者也。先蕘徹主人薦俎者、變于士特牲饋食

禮曰徹阼俎豆籩設于東序下○疏云與賓雜謂與賓尸者有同有不同士禮既餕乃徹阼俎此餕前徹阼俎故云變於士引特牲者證徹阼俎所置之處

右不賓尸者禮終尸出

乃養如儐 謂上篇自司宮設對席至上餕與出也古文養作餕

右養

卒養有司官徹饋饌于室中西北隅南面如饋之設右几厞用席 官徹饋者司馬司士舉俎宰夫取敦及豆此於尸謖改饌當室之白孝子不知神之所在庶其饗之於此所以爲厭飫不令婦人改徹饌敦豆變於始也尚使官也佐食不舉羊豕俎親餕尊也厞隱也古文右作侑厞作茀

納一尊于室中 陽厭殺無玄酒

司宮埽祭 埽豆間之祭舊說云埋之西階東

主人出立于阼階上西

面祝執其俎以出立于西階上東面司宮闔牖戶閉牖與戶爲鬼神或者欲幽闇祝告利成乃執俎以出于廟門外有司受歸之衆賓出主人拜送于廟門外乃反拜送賓也者亦拜送其長不言長賓者下大夫無尊賓也○疏云下大夫賤無尊賓故不別其長也婦人乃徹徹祝之薦及房中薦俎不使有司者下上大夫之禮○上大夫祭畢則有司徹徹室中之饌有司饌之婦人徹之外內相兼禮殺

右不賓尸者爲陽厭

儀禮鄭註句讀

又云尾題全篇凡四千八百字實數仍四千六百八十六字兩者所計數相近此篇行字二十六七字左右全篇存四三七八字殘缺三五四字完篇應有四七三二字

又云此篇存三十二簡第一卷字第三十三簡牽載之載字及第三十八簡之此字皆係塗改與別改之例有殊不同

儀禮監本正誤 附

十三經監本讀書者所考據當時較勘非一手疏密各殊至儀禮一經脫誤特甚豈以罕習故忽不加意耶易書詩春秋論語孟子禮記充滿天下固不容或誤周禮孝經爾雅三傳人間猶多善本即有誤亦易見儀禮既不顯用於世所賴以不至墜地者獨此本尚在學宮耳顧不免脫誤至此坊間所刻如三禮解詁之類皆踵襲其訛無所是正而補石經闕字者不知以彼正此反以此本爲據竊恐疑誤方來大爲此經累者未必非監本也予既僭定儀禮鄭註句讀乃取石本吳

澄本與監本較摘其脫者誤者羨者倒置者經註互淆者録之以質同志如左

士冠禮

士昏禮

婦說服于室御受受誤作授第二十七緇

毋違命毋誤作母第五十緇

視諸衿鞶下脫壻授綏姆辭曰未教不足與爲禮也十四字第五十一緇

主人對曰某以得爲外昏姻之數昏從女誤第五十三緇

某得以爲昏姻之故作某以得爲昏姻之故第五十三繙

士相見禮

若嘗爲臣者嘗誤作常第八繙

毋誤作母凡三見第十三十四繙

鄉飲酒禮

尊兩壺于房戶之間加二勺于兩壺壺並誤作壼第六繙

司正升立于序端序誤作席第三十九繙

遵者降席席東南面脱一席字第三十九繙

介俎脊脅肫胳肺脱肫字第四十八繙

鄉射禮

主人實觶賓之席前北面北誤作不第十一繙

樂正告于賓乃降樂字誤細書混疏文內第十八繙

適堂西改取一个挾之取誤作作第三十繙

以耦告于大夫脫以耦二字第三十五繙

與進者相左相揖退反位脫退字第三十九繙

適左个中皆如之皆如作亦如第五十繙

賓與大夫坐反奠于其所脫坐字第六十一繙

遂西取弓矢遂誤作送第七十六繙

各以其物獲下脫士鹿中翿旌以獲七字第八十七繙

燕禮

兩圜壺壺誤作壼第四繙

主人盥洗象觚升實之實誤作賓第十四繙

媵爵者洗象觶升實之實誤作賓第十九繙

降奠于篚易觶洗篚易二字之間誤用圈隔第二十繙

射人乃升大夫大夫皆升就席脫下升字第二十七繙

鵲巢采蘩采蘋蘩誤作繁第三十二繙

大師告于樂正脫于字第三十三繙

士長升拜受觶主人拜送觶送誤作受第二十八緜

大夫立卒爵不拜實之實誤作賓第四十二緜

亨于門外東方上脫其牲狗也四字第四十九緜

大射儀

大射儀第七脫儀字第一緜

兩方壺兩圜壺兩壺獻酒三壺字并誤作壼第十一十二緜

大史在干侯之東北大史誤作大夫第十四緜

主人洗觚升實散觚誤作酬第二十四緜

命去侯侯誤作侯第三十七緜

司射進與司馬正交于階前于誤作與第三十八繙

上射降三等三誤作二第三十九繙

中等並行上射於左於誤作與第三十九繙

司馬師坐乘之卒脫卒字第四十繙

司射東面于大夫之西比耦比誤作北第四十一繙

楅之與楅復二楅字俱誤作梱第四十三四十五繙

退者與進者相左相揖退揖退二字之間羨一還字第四十四繙

司射作射如初射誤作揖第四十四繙

由阼階下北面告于公脫告字第五十一繙

司射遂袒執弓脫遂字第五十二緐

僕人師洗升實觶以授實誤作賓第五十四緐

司馬師受虛爵奠于篚脫師字第五十九緐

公答拜賓反位脫賓字第六十九緐

聘禮

門外米禾皆二十車二誤作一第二十八緐

賓辟不答拜賓誤作客第三十四緐

坐啐醴誤作啐酒第四十八緐

君貺寡君延及二三老拜又拜送誤以又拜送句倒置君貺

祝延尸。延誤作筵 尸入節

有司徹

有司徹第十七。脫徹字 篇目

二手執挑匕枋以挹湆。挑誤作桃 薦尸節

尸卻手受匕枋。受誤作授 薦尸節

主婦洗爵于房中。脫爵字 主婦獻尸節

主婦北面荅拜受爵尸降筵受主婦爵以降。誤作受尸爵 主婦致爵于主人節

主人降洗爵作洗觶主人實爵作實觶 主人酬尸節

賓坐左執爵右取脯擩于醢祭之脯誤作肺主人獻賓節

主人降洗升獻私人于阼階上阼誤作降補字獻私人節

主人拜受爵尸拜送脫爵字旅酬節

主婦受爵酌獻二佐食婦誤作人不賓尸主婦亞獻節

佐食設俎于豆東羊臑豕折羊脊脅祭肺一脫祭字不賓尸賓致主婦節

儀禮石本誤字 附

唐石經當時學者以爲蕪累至於今日已爲老成典型矣乃

儀禮亦不免多誤逮補字承譌則又□□□□□□□□□

本誤字遂並及之

士冠禮

啐醴捷柶與作建柶 醴冠者節○捷初洽反

士昏禮

降階受笲腶脩腶誤作股 婦見舅姑節

某得以爲昏姻之故監本作某以得爲昏姻之故 記文○監本似長

士相見禮

鄉飲酒禮

執觶興盥洗北面坐奠觶于其所疏云案鄉射大射禮皆直云最觶洗南面反奠于其所不云盥此俗本有盥者誤司正

表位節

若有諸公大夫則使人受俎如賓禮受誤作授徹俎節

鄉射禮

司射適堂西袒決遂袒誤作祖補字請射節

楅髤橫而奉之奉誤作拳記

大夫與士射袒纁襦纁誤作薰 記

燕禮

司宮筵賓于戶西東上筵誤作之 陳饌節

卿升席坐左執爵右祭脯醢脯誤作酺 獻卿節

小臣又請媵爵者二大夫大夫媵爵如初監本吳本俱不再出大夫二字 再媵爵節

閽人爲大燭於門外無大字 終燕節

大射儀

兩圜壺 兩壺獻酒 俱誤作壺 陳饌節

主人卒洗賓揖升監本吳氏本俱賓揖乃升獻賓節

賓升成拜拜誤作敗補字公酬賓節

坐授瑟乃降授誤作受補字席工節

主人洗升實爵實誤作賓補字獻工節

南面坐奠觶興奠誤作取補字司正表位節

司射適次袒決遂袒誤作祖補字請射節

南揚弓命去侯侯誤作候補字三耦射節

聘禮

夫人使下大夫勞以二竹簠方簠作簋郊勞節○釋文云簠音甫或作簋固已疊

簋不從

若賓死未將命未誤作來賓介死節

使者既受行日脫既字記

繅三采六等朱白蒼蒼誤作倉記

又齎皮馬齎誤作賫記

對曰非禮也敢誤作敢辭記

賓既將公事復見訝以其摯訝誤作之記

自西階升受階誤作門記

公答再拜再誤作再記

聘日致饔日誤作自記

公食大夫禮

陳鼎于碑南南面西上脫一南字載俎節

如受饔禮無儐儐誤作擯若不親食節

覲禮

侯氏亦皮弁迎于帷門之外帷誤作惟補字郊勞節

天子賜舍曰伯父脫曰字賜舍節

天子曰非他伯父實來脫曰字補字入覲節

几俟于東箱俟誤作侯記補字

喪服

若是則生養之終其身如母如誤作慈（齊衰三年章補字）

士喪禮

祭服不倒倒誤作到（小斂節）

若不從卜擇如初儀擇誤作宅（卜日節）

既夕

御者四人皆坐持體之下脫男女改服四字（記）

鹿淺幦干笮干誤作于（記補字）

士虞禮

特牲饋食禮

主婦設兩敦黍稷于俎南西上及兩鉶鉶芼設于豆南監本

吳氏本止一鉶字陰厭節

少牢饋食禮

明日朝服筮尸脫服字筮尸節

如筮日之儀儀作禮筮尸節

司宮摡豆籩勺爵觚觶几洗篚于東堂下几誤作凡視濯節

主婦被錫衣移袂　主婦贊者一人亦被錫衣移袂監本作

侈袂當從陰厭節

句之上 第百二十八緜

公食大夫禮

衆人騰羞者盡階不升堂授以蓋降出註云授授先者一人誤以一人二字大書同經文連下贊者句 第十八緜

賓北面自閒坐左擁簠粱左誤作右簠誤作簋 第十九緜

庶羞西東毋過四列毋誤作母 第二十五緜

卿擯由下擯誤作賓 第三十三緜

覲禮

侯氏裨冕裨誤從示 第八緜

坐奠圭圭誤作主第十三繙

王受之玉玉鈌一點第十三繙另本不鈌○

伯父無事歸甯乃邦邦誤作拜第十八繙

天子乘龍載大旂旂誤作旆第二十八繙

喪服

妾爲君爲誤作謂第二十繙

持重於大宗者降其小宗也持重誤作特重第四十三繙

適子不得後大宗字誤作八第四十四繙

異居則服齊衰三月也脫也字第四十八繙

大夫夫君埽其宗廟埽誤作歸第六十三緇

不滿八歲以下皆爲無服之殤脫皆字第六十五緇

小功布衰裳牡麻絰卽葛五月者脫者字第八十五緇

壻傳曰何以緦也唐石經無也字第九十七緇

士喪禮

有大夫則特拜之卽位于西階下于誤作如第十緇

櫛於簞於誤作用第二十一緇

巾待於阼階下待誤作侍第四十三緇

其實葵菹芋芋字誤少趯勾第四十七緇

卜人先奠龜于西塾上塾誤作墊第六十九緜

哀子某來日某卜葬其父某甫脫第二某字第七十二緜

既夕

衆主人東即位脫主字第七緜

兩杅誤鈌杅字趯勾第十九緜

擯者出請入告脫出字第二十六緜

藏苞筲於旁苞誤從竹第四十二緜

外內皆埽作內外第四十六緜

設握裏親膚裏誤作裹第五十三緜

不說經帶說誤作設第五十九紙

主人降即位徹乃奠升降自西階脫下降字第六十六紙

亦可張也唐石經吳氏本俱亦張可也第七十三紙

士虞禮

簞巾在其東巾誤作布第五紙

祝饗饗誤作響第九紙

卒徹祝佐食降復位脫復字第二十八紙

適爾皇祖某甫饗饗誤作響第三十一紙

尸即席坐唯主人不哭唯誤作帷第三十四紙

尸受授祭受誤作授第三十四緐

無尸則不餕猶出几席設如初拾踊三下脫哭止告事畢賓出七字第三十七緐○唐石經剝蝕尚有賓出二字脚可辨補字闕或亦承監本之誤

搔誤從木第四十緐

特牲饋食禮

壺禁在東序壺誤作壼第十緐

主人再拜賓答再拜誤作賓再答拜第十一緐

視壺濯壺誤作壼第十一緐

主人服如初立于門外東方南面方誤作房第十二緐

佐食啓會郤于敦南出立于戶西南面脫戶字第二十緖

洗獻衆兄弟如衆賓儀脫上衆字第三十七緖

尸祭酒啐酒奠之脫尸字第三十九緖

賓立卒觶酌于其尊卒誤作于第四十二緖

衆賓長自左受旅如初脫自字第四十二緖

長皆答拜下脫舉觶者祭卒觶拜長皆答拜十一字第四十三緖

舉觶者洗各酌于其尊尊誤作奠第四十三緖

主人出立於戶外西面外誤作內第四十八緖

纁裏裏誤作裹第五十三緖

祝俎髀脡髀誤作脾第五十入緜

少牢饋食禮

明日朝服筵尸脫服字第六緜

用薦歲事薦誤作爲第六緜

取巾興振之三下脫以授尸坐取簞興七字第二十二緜

尸受同祭于豆祭誤倒作同受第二十四緜

賓戶西北面拜送爵戶誤作尸第三十四緜

尸謖主人降立于阼階東降誤作祭第三十五緜

有司徹

匕皆加于鼎東枋枋誤作舫第六緜

覆二疏匕于其上皆縮俎西枋枋誤作舫第六緜

司士朼豕亦司士載亦右體作載右體第十一緜

尸卻手受匕枋受誤作授第十六緜

賓亦覆手以受受誤作授第十六緜

乃載于羊俎卒載下羨一俎字第十七緜

立于主人席北西面西面誤作面西第二十一緜

主人其祭糗脩其誤作共第二十三緜

賓坐左執爵右取脯擩于醢祭之脯誤作肺第二十八緜

遂飲卒爵執爵以興脫下爵字第二十八繇

宰夫執薦以從薦誤作爵第二十八繇

其先生之脀折脅一膚一脫其字第三十一繇

受爵酌獻侑侑拜受三獻北面答拜重出此十四字第三十四繇

尸降筵受三獻爵酌以酢之脫爵字第三十四繇

祝易爵洗酌授尸授誤作受第四十四繇

主婦受爵酌獻二佐食婦誤作人第四十五繇

賓戶西北面答拜戶誤作尸第四十五繇

賓兄弟交錯其酬無算爵錯誤作醋第五十繇

共脫八十字誤八十八字羨十七字倒置者六處計十三字經文誤細書一字註文誤大書混經文二字誤隔一圈

他如壹一貳二參三廟庿醋酢弃棄于於視眡㛮嫂摯贄唯惟大太廿之爲二十卅之爲三十義旣不殊文難畫一與夫點畫小誤者槩置之

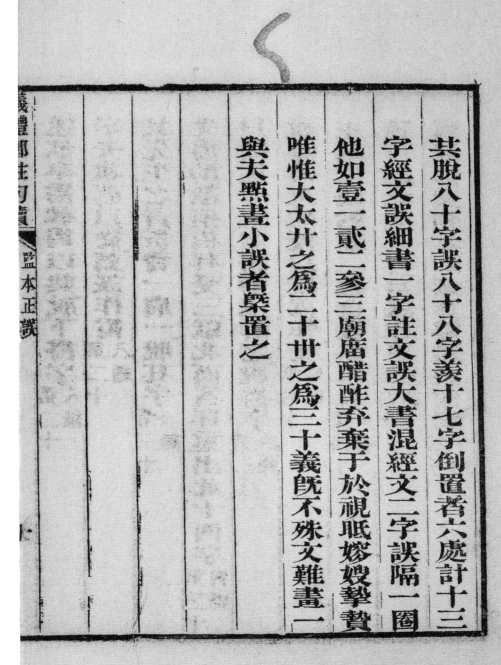

儀禮鄭註句讀

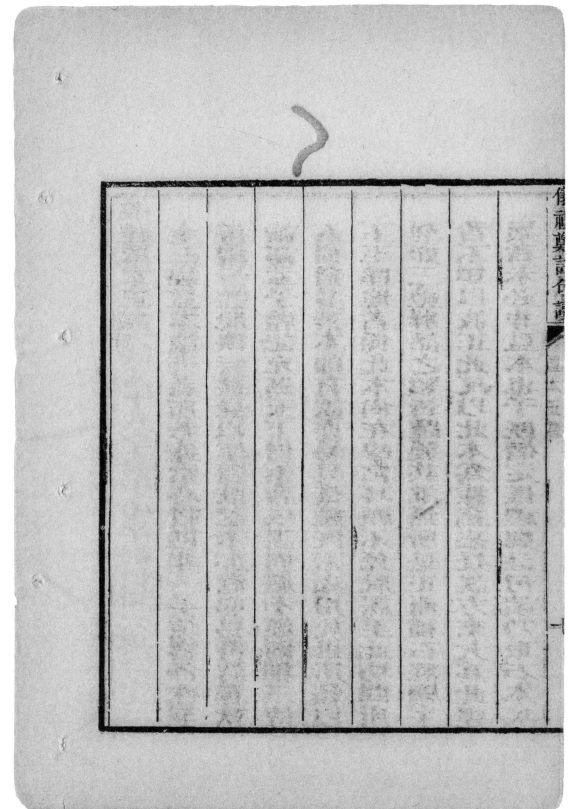

儀禮鄭註句讀跋

韓退之猶云儀禮難讀是以古今習者視周禮禮記爲罕明王平仲二禮註疏删翼最便學者惜惟周禮盛行而儀禮未之見竊謂儀禮之學

國朝最盛如丹陽姜氏上均錢唐吳氏廷華秀水盛氏世佐接踵而出皆蒿菴之書爲之前導也先是堂邑張蓬元有禮經一書會通鄭賈不復分别令學者昧於本原不如蒿菴矣兩漢講經家每失之煩説春王五字之文至於數萬學者童而習之白首茫然故康成之註專崇簡要正以救前此之失庶幾三年而

可通一藝乎乃唐時正義之作不免泛濫仍蹈前失則蒿菴是書洵鄭氏之功臣學者之津筏也其同較閱之功者爲劉果菴李貞菴二先生今卷首惟果菴一序而已壬辰余被採訪遺書之任閱淄川張篤慶崑崙集始知貞菴亦有序歿後失之康熙癸未蒿菴之子請崑崙補作者也於時學使徐公仲章欲刻之未果故此序復佚矣余方校刻蒿菴文集遂爲補刊而書其後雖非貞菴眞跡不可不存此一段佳話也乾隆癸巳夏桂林胡德琳寶書敬跋

儀禮鄭註句讀跋

蒿菴先生閉戶窮經究心儀禮者三十餘年克成儀禮鄭註句讀一書同時東吳顧寧人先生偕修東誌見而好之曾手錄以歸厥後徐章仲黃崑圃兩先生次第視學山左俱購求是書急爲表章自是東士漸知讀儀禮顧七十年來未獲鋟板以傳士林憾之我

國家重熙累洽敦崇禮教

特命儒臣纂修三禮爰時有以是書聞於

上者歲辛酉部文到濟開列書名檄取家藏抄本以去癸亥春

同學諸君子因艾大司寇家所藏原本謀付剞劂五閱月而告成噫功亦偉矣諸君子或以德行著或以文學著或以光明磊落著要皆以禮自持者也是書一行四海之內循誦習傳俾古遺經不致廢墜於以助流

聖教誠非小補千百世下儀禮不磨諸君子亦不磨也蒿菴者固姬公之功臣諸君子得非蒿菴之功臣也歟乾隆八年癸亥秋八月後學靜山馮秉仁謹識

圖書在版編目（CIP）數據

沈文倬批注儀禮鄭注句讀 / 沈文倬批注. -- 杭州：
浙江大學出版社, 2024.11
（學海遺澤. 近世學人手迹叢刊）
ISBN 978-7-308-25044-3

Ⅰ. ①沈… Ⅱ. ①沈… Ⅲ. ①《儀禮》—注釋 Ⅳ.
①K892.9

中國國家版本館CIP數據核字（2024）第106378號

沈文倬批注儀禮鄭注句讀

沈文倬　批注

責任編輯　王榮鑫
責任校對　吴　慶
封面設計　項夢怡
封面題簽　沈　蒓
出版發行　浙江大學出版社
（杭州市天目山路148號　郵政編碼 310007）
（網址：http://www.zjupress.com）
排　　版　浙江大千時代文化傳媒有限公司
印　　刷　浙江海虹彩色印務有限公司
開　　本　787mm × 1092mm　1/16
印　　張　53.5
版 印 次　2024年11月第1版　2024年11月第1次印刷
書　　號　ISBN 978-7-308-25044-3
定　　價　548.00元（全二册）